江苏省教育评价改革试点项目
构建以职业素养为核心的"五育并举"学生评价体系

朱绍勇 著

高校精准资助育人的理论与实践研究

东南大学出版社
SOUTHEAST UNIVERSITY PRESS
·南京·

图书在版编目(CIP)数据

高校精准资助育人的理论与实践研究 / 朱绍勇著. —南京：东南大学出版社，2023.3
　　ISBN 978-7-5766-0784-0

Ⅰ. ①高… Ⅱ. ①朱… Ⅲ. ①高等学校-特困生-学生工作-研究-中国　Ⅳ. ①G645.5

中国国家版本馆 CIP 数据核字(2023)第 109565 号

责任编辑：张丽萍　　责任校对：子雪莲　　封面设计：毕　真　　责任印制：周荣虎

高校精准资助育人的理论与实践研究

Gaoxiao Jingzhun Zizhu Yuren De Lilun Yu Shijian Yanjiu

著　　者	朱绍勇
出版发行	东南大学出版社
出 版 人	白云飞
社　　址	南京市四牌楼 2 号(邮编：210096　电话：025-83793330)
网　　址	http://www.seupress.com
电子邮箱	press@seupress.com
经　　销	全国各地新华书店
印　　刷	广东虎彩云印刷有限公司
开　　本	700 mm×1000 mm　1/16
印　　张	14.25
字　　数	248 千字
版　　次	2023 年 3 月第 1 版
印　　次	2023 年 3 月第 1 次印刷
书　　号	ISBN 978-7-5766-0784-0
定　　价	45.00 元

本社图书若有印装质量问题，请直接与营销部联系，电话：025-83791830。

序言

教育是国之大计、党之大计。优先发展教育是党和国家长期坚持的一项重大方针。党的二十大报告提出,"我们要办好人民满意的教育,全面贯彻党的教育方针,落实立德树人根本任务,培养德智体美劳全面发展的社会主义建设者和接班人,加快建设高质量教育体系,发展素质教育,促进教育公平"。学生资助工作既是保民生、暖民心工程,又是促进教育公平之举,更是教育强国建设的有力支撑。过去十年,我国学生资助工作取得前所未有的成就,累计资助学生近13亿人次,资助金额2万亿元,建成了覆盖"所有学段、所有学校、所有家庭经济困难学生"的中国特色学生资助政策体系,为促进教育公平、助力打赢脱贫攻坚战、建设人力资源强国奠定了坚实基础。

近年来,我国的高校资助育人工作取得了长足进步和发展,基本实现了"不让一个学生因家庭经济困难而失学辍学"的工作目标。在资助育人实践方面,我国各级政府持续增加高校大学生资助的投入经费,对家庭经济困难学生的资助覆盖面也越来越广,资助形式、手段与方法日趋多样化,学生资助工作的数字化、信息化、智慧化水平不断提升。与此同时,高校学生资助工作也存在着一些问题,包括资助育人工作"两张皮"困境、资助育人的成效评价缺失、资助育人实践探索与理论研究的失衡等。在理论研究方面,高校贫困生资助政策实施精准化的研究取得了突破性的进展,深刻指明了高校学生资助政策和实施的不足之处,也提出了许多建议。但是,高校资助精准化相关问题的研究,仍然存在体系化不强、研究思维传统、研究方法固化等问题。

本书以新时代高校精准资助工作为研究对象,出于对我国高校学生资助精准化的现实关切,通过全面梳理国内大学生资助政策发展历程,比较研究国内外先进经验,系统分析我国高校学生资助政策的体系、资助成果和实施困境,依托大数据和信息技术,构建高校精准资助育人的新机制、新模式,推动高校资助育人工作精准化发展。

当前高校学生资助工作正处在从"保障型"资助向"发展型"资助拓展的关键期,为培养造就具有坚定理想信念、深厚家国情怀、强烈责任担当,立志在中国式现代化和中华民族伟大复兴进程中贡献青春力量的时代新人,本书提出要创新精准资助育人理念,凸显资助育人的精准性、公平性和发展性;完善精准资助育人工作机制,从育人队伍、育人平台、育人方式、评价体系和育人主体协同等多方面提升资助育人工作的科学性;拓展精准资助帮扶渠道,不断创新形式,发展资助型社团、打造资助育人品牌;强化精准资助主题教育,探索人文素养、就业指导、社区服务、农村服务等多种教育模式,满足学生多样化、个性化的发展需求,提升受助学生的综合素质。

教育公平是最大的公平。随着教育政策保障体系的不断完善,随着高校资助育人工作精准化水平的不断提升,让每个学生享有平等受教育的机会,让人民享有更好更公平的教育,学有所教、学有优教的美好愿景正在中华大地上逐步成为现实。

目录

◎ 绪论 ·· 001
  第一节 研究背景和意义 ··· 002
    一、研究背景 ··· 002
    二、研究问题 ··· 003
    三、研究意义 ··· 006
  第二节 研究现状 ··· 008
    一、国内研究 ··· 008
    二、国外研究 ··· 013
  第三节 研究思路与方法 ··· 015
    一、研究思路 ··· 015
    二、研究方法 ··· 016

◎ 第一章 高校学生资助政策概述 ································ 017
  第一节 我国高校学生资助政策的历史演变 ············· 018
    一、新中国初期的高校学生资助(1949—1965年) ··· 018
    二、"文革"前后的高校学生资助(1966—1977年) ··· 019
    三、改革开放之初的高校学生资助(1978—1992年)
      ··· 019
    四、经济转型时期的高校学生资助(1993—2006年)
      ··· 022
    五、构建高校学生资助政策新体系(2007年以来) ··· 025
  第二节 国外高校学生资助的经验 ····························· 046
    一、国外高校学生资助概况 ································· 046
    二、典型国家的高校学生资助体系比较分析 ······ 050
  第三节 我国高校学生资助的成效 ····························· 053
    一、资金投入情况 ··· 053

二、资助学生覆盖面 ……………………………………………… 058

◎第二章　高校精准资助核心概念和理论基础 ……………………… 065
　第一节　核心概念 …………………………………………………… 066
　　一、家庭经济困难学生 …………………………………………… 066
　　二、精准资助 ……………………………………………………… 066
　　三、发展型资助 …………………………………………………… 067
　　四、智慧资助 ……………………………………………………… 068
　　五、资助育人 ……………………………………………………… 068
　第二节　理论基础 …………………………………………………… 070
　　一、精准扶贫思想 ………………………………………………… 070
　　二、教育公平 ……………………………………………………… 072
　　三、人的全面发展理论 …………………………………………… 077
　　四、教育成本分担理论 …………………………………………… 078
　第三节　价值理念 …………………………………………………… 080
　　一、本质特征分析 ………………………………………………… 080
　　二、价值功能阐释 ………………………………………………… 081
　　三、资助理念的演变 ……………………………………………… 088

◎第三章　高校资助育人工作实践 …………………………………… 089
　第一节　国内高校资助育人典型案例 ……………………………… 090
　　一、东南大学打造"金钥"资助育人平台 ……………………… 090
　　二、天津大学构建多元化、全周期资助育人体系 ……………… 091
　　三、中山大学构建资助育人质量评估体系 ……………………… 094
　　四、特色资助育人案例 …………………………………………… 098
　　五、江苏陶欣伯助学基金会 ……………………………………… 102
　第二节　我国高校资助育人的困境 ………………………………… 108
　　一、资助工作缺少育人意识 ……………………………………… 108
　　二、资助行为制约育人效果实现 ………………………………… 110
　　三、资助育人长效机制尚未健全 ………………………………… 111
　　四、资助育人的协同机制建设有待完善 ………………………… 112
　第三节　高校资助育人工作实施路径 ……………………………… 113
　　一、思政教育 ……………………………………………………… 113

二、学业指导 ··· 116

　　三、心理疏导 ··· 119

　　四、就业帮扶 ··· 121

　　五、感恩教育 ··· 124

　　六、诚信教育 ··· 127

◎ **第四章　运用大数据技术提升精准资助水平** ···················· 137

　第一节　大数据技术的功能与发展现状 ···························· 138

　　一、大数据技术(简称"大数据")的价值 ······················· 138

　　二、大数据运用的限度与隐患 ································· 142

　　三、利用大数据推进精准资助的一般性路径 ····················· 143

　第二节　数字化信息资助平台建设 ································ 146

　　一、数字化信息资助平台的不足 ······························· 146

　　二、江苏省数字化信息资助平台建设概况 ······················· 148

　　三、高校智慧资助案例 ······································· 153

　第三节　精准资助的认定与管理 ·································· 161

　　一、精准认定 ··· 161

　　二、精准管理 ··· 168

◎ **第五章　资助育人中的隐私保护** ································ 173

　第一节　理论阐发 ·· 174

　　一、哲学视角：信息伦理 ····································· 174

　　二、制度视角：分配正义 ····································· 175

　　三、法律视角：知情权与隐私权 ······························· 177

　第二节　隐私保护的实践困境 ···································· 179

　　一、资助信息公开与隐私保护 ································· 179

　　二、知情权与隐私权的冲突 ··································· 181

　第三节　隐私保护的主要策略 ···································· 184

　　一、法律保障 ··· 184

　　二、制度设计 ··· 184

　　三、技术支持 ··· 185

　　四、主体意识 ··· 186

◎ **第六章　构建精准资助育人体系** ·················· 187
　第一节　创新精准资助育人理念 ·················· 188
　　一、基本：精准性资助育人 ······················ 188
　　二、保障：公平性资助育人 ······················ 189
　　三、主旨：发展性资助育人 ······················ 189
　第二节　完善精准资助育人工作机制 ·················· 192
　　一、建设素质优良的育人队伍 ···················· 192
　　二、搭建特色鲜明的育人平台 ···················· 193
　　三、采用温暖智慧的育人方式 ···················· 195
　　四、构建资助育人评价体系 ······················ 196
　　五、协同资助育人主体 ·························· 200
　第三节　拓展精准资助帮扶渠道 ·················· 204
　　一、发展资助型社团 ···························· 204
　　二、打造资助教育活动品牌 ······················ 208
　第四节　强化精准资助主题教育 ·················· 210
　　一、突出人文素养教育，提高学生综合素质 ········ 210
　　二、推进就业指导教育，培养自我发展能力 ········ 211
　　三、优化社区服务育人模式，锻炼学生社会实践能力 ·· 212
　　四、探索农村服务育人模式，强化学生的奉献意识 ·· 212

◎ **主要参考文献** ·································· 214

绪 论

第一节　研究背景和意义

一、研究背景

2013年,习近平同志首次提出了"精准扶贫"这个概念,其内涵也在实践中不断丰富。在高校,如何进一步完善资助体系、资助方式,做到"精准扶贫",如何将资助和育人有机结合成为党和国家所关注的重要问题。2017年,在《中共教育部党组关于印发〈高校思想政治工作质量提升工程实施纲要〉的通知》中,高校资助育人成为高校思想政治教育工作中的重要内容之一,同时也被纳入了"十大育人"体系。2019年,中共中央国务院印发了《中国教育现代化2035》,并将"健全家庭经济困难学生资助体系"作为一项基本的教育保障政策。

教育是国之大计、党之大计。习近平同志在党的十九大报告中指出"青年兴则国家兴,青年强则国家强。青年一代有理想、有本领、有担当,国家就有前途,民族就有希望"。高校资助育人的主要对象是青年,目的是保障和促进青年的全面发展,高校资助育人的质量关乎国家的前途和命运。因此,要提升高校家庭经济困难学生资助育人质量,寻找科学合理的解决办法,在资助中融入育人,在育人中创新资助。党的十九大报告还提出:"要全面贯彻党的教育方针,落实立德树人根本任务,发展素质教育,推进教育公平。"这为加快推进教育现代化、建设教育强国提出了明确的目标和要求,也为高校资助育人工作指明了发展方向。多年来,我国的高校资助育人工作取得了长足的进步和发展,基本实现了"不让一个学生因家庭经济困难而失学辍学"的工作目标,同时也面临着诸多问题和挑战。

治国有常,利民为本。习近平同志在党的二十大报告中明确指出:"我们坚持精准扶贫,打赢了人类历史上规模最大的脱贫攻坚战","历史性地解决了绝对贫困问题,为全球减贫事业作出了重大贡献","为民造福是立党为公、执政为民的本质要求。必须坚持在发展中保障和改善民生","紧紧抓住人民最关心最直接最现实的利益问题","采取更多惠民生、暖民心举措,着力解决好人民群众急难愁盼问题","巩固拓展脱贫攻坚成果,增强脱贫地区和脱贫群众内生发展动力"。高校精准资助育人工作具有独特的现实意义,通过教育实现脱贫是实现最终脱贫的最佳路径之一。经济困难青年大学生是整个家庭的希望和未来,寄托着全家人的希望。必须保证他们顺利完成学业,实现自己个人的发展。再以其个人的经济状况改善和个人发展促使整个家庭经济状况得到明显改善,获得良性发展。这对于整个社会的可持续发展和经济的良性运作来说具有深远意义。通过精准资助工作实现教育脱贫,其中高校精准资助工作不可或缺,发挥着独特的作用。

中国特色社会主义进入新时代,我国社会的主要矛盾已经转化为人民日益增长的美好生活需要和不平衡不充分的发展之间的矛盾。这一矛盾的转变,既体现为我国经济发展在区域经济增长与城乡发展等方面的不平衡,也体现在教育领域的不平衡。这是在新时代推进高校资助育人工作的逻辑起点。提升高校学生资助工作质量,充分发挥其育人功能,是深入实施教育扶贫战略、全面建成小康社会、实现"两个一百年"奋斗目标的重要举措,也是落实立德树人根本任务、培养德智体美劳全面发展的社会主义建设者和接班人的内在要求,更是构建一体化育人体系、提升高校思政工作质量的重要途径。

二、研究问题

近年来,我国各级政府持续增加高校大学生资助的投入经费,家庭经济困难学生的资助覆盖面也越来越广,资助形式、手段与方法日趋多样化。在高校学生资助工作开展得如火如荼的形势下,进一步推进大学生资助工作,需要深度反思精准资助、资助育人存在的问题。

1. 高校学生资助育人工作"两张皮"困境

资助工作在帮助家庭经济困难学生解决经济困难问题的同时,还应该密切关注受助大学生的成长、成才问题。但是,在实际工作中往往会出现助困与育人的"两层皮"现象,集中体现为价值认知的同向性不够、实践方式的融合性不高、保障资源的统筹性不足、评价标准的统一性不足等。

在国家的大力扶持下,高校资助工作的资助覆盖面、金额数等物质供给大幅提升,可是育人功能却在一定程度上有所缺失。对于资助育人价值认知的差异性,或者对助困工作与育人工作价值同向性的认知缺失,使得大多数高校资助育人工作仍然停留在"助困"层面,还没有充分意识到"育人"的本质要求。在实践方式上,资助工作者对于资助育人功能的价值认知不足、理解不深,影响了其对开展助困工作与育人工作的实践方式选择。当前,助困工作主要通过奖贷助勤补免、绿色通道等方式进行,育人工作则以感恩教育、爱国教育等方式开展。助困工作与育人工作的实践方式差异较大、难以融合,制约了育人效果。在保障资源方面,助困工作以国家财政、社会捐赠与学校创收为主要保障,向经济困难学生提供资金或者物质层面的援助;而育人工作则主要依靠学校来实施。助困工作与育人工作的保障资源统筹性不足,没有形成合力。在评价标准上,十九大报告指出"必须坚持精准扶贫、精准脱贫",这也是高校学生资助工作的要求。各高校的学生资助工作在对象精准、标准精准、发放精准等方面取得了成效,但是也出现了"重物质资助精准性,轻精神帮扶精准性"等问题。"精准",既要体现在助困工作的各个环节上,也要体现在满足受助学生成长成才的需求上。助困与育人的"两层皮"已经严重阻碍了高校资助育人工作的发展。大学生资助工作不能仅仅停留在资助行为层面,只有将扶智与扶志相结合才能真正实现学生资助的目标。

2. 资助育人的成效需要深思

一方面,资助育人成效无从知晓。尽管高校大学生资助对象的数量庞大并且连年增长,但是巨额的资助经费投入是否获得了相应的效益却未可知。在助学贷款还款方面,违约还贷现象屡见不鲜,有些高校学生拖欠贷款的比例已超出银行放贷的风险底线;一些贫困大学生在求职技能、社会关系等方面的不足,使得他们在就业难的大环境下,比其他学生更难获得满意的工作。贫困大学生的就业困难,制约了他们的还款意愿和能力。综上,政府已投入大量人力、物力、财力资助高校学生完成高等教育,但当前资助工作存在的"重投入轻产出"的理念严重影响了资助成效。

另一方面,如何评价资助育人成效是亟待解决的问题。不同地方、不同高校,在实践中总结提炼了各具特色的资助育人案例、办法、体系。但是,资助育人的成效究竟如何,用什么样的标准来进行评价;对高校来说,是要继续坚持自身已有的资助育人办法,还是采用他山之石;如果要借鉴,面对五花八门的资助育人成功案例,又如何进行借鉴。这些问题,归根到底,是资助育人成效的评价标准问题。

3. 实践探索与理论研究的失衡

马克思主义实践观认为：实践是理论发展的根本动力，同时理论对实践有能动的反作用，理论是为了更好地指导实践。全面发展高校资助育人，不仅要在实践中探索资助育人工作的方式方法，还要提炼资助育人的理论。如果实践探索与理论研究脱节太大，会造成高校资助育人实践工作发展持续难、模式创新难、资源统筹难等诸多问题。资助是手段，育人是目的，只有二者在理论与实践上同行并进，才能推进高校资助育人工作的科学、健康、持续发展。但是，资助育人理论研究在发展样态、成果产出、队伍建设等方面都存在明显薄弱之处。

在发展样态上，这种失衡表现为问题种类复杂、形态多样，但应对策略单一、方法陈旧。新时代高校资助育人实践正在由保障型向发展型转变，育人工作朝着模式更规范、内容更丰富、方法更科学的方向发展。同时，作为"十大育人体系"之一，高校资助育人被赋予了更加明确的物质帮助、道德浸润、能力拓展、精神激励等功能。新使命新要求也带来了新问题新挑战，高校资助育人实践正面临着一系列多样化、复杂化、多变化的问题。因此解决问题的关键，就在于能否对矛盾问题进行精准提取、本质把握、规律探索。然而，由于理论研究的客观要求，研究过程相对缓慢，难以及时满足解决问题的现实需求。

在成果产出方面，资助工作积累了丰富的实践经验，但理论凝练程度不够。资助工作经过长期的实践探索，已形成模式多元、方法多样、机制多维等特征。部分高校结合实际工作，积极开展经验梳理、特色概括、规律总结等工作，并形成了一定成果。这些成果包括提出围绕"精神追求、人格养成、素质培育"的因材施教理念、构建"经济资助、心理辅导、精神帮扶、学业指导、能力提升"的发展型资助体系、推进"先自助、后资助"的育人模式等。但是，"重经验总结轻学理研究"的现象十分普遍。当前，学术界对资助育人基本内涵、价值基础、功能发挥等内容尚未形成共识，对育人机理、逻辑、向度等问题的探究基本处于空白状态。

在队伍建设方面，高校从事学生资助工作人员的总数较多但专业化程度不高。目前，大多数高校资助育人工作由学生资助管理中心统筹，学生工作队伍贯彻落实。但是由于受工作任务繁杂、所学专业各异、综合素养参差等因素的影响，工作人员的资助育人专业化程度差异较大，较难进行相关的理论研究。

三、研究意义

（一）理论意义

学生资助是一项关系到人才培养的重要工作，关于学生资助的实践研究成果硕果累累，但是关于学生资助的理论研究却很少。现有的学生资助研究，多是经验总结、特色案例等，而涉及资助育人的理论研究成果较少。理论是为实践服务的，高校人才培养是围绕社会需求来规划和实施的，现代社会的人才需求广泛，但是落脚点在于培养符合社会主义核心价值观的建设者。家庭经济困难大学生的资助问题是时代的重要问题之一，相关理论研究可以进一步丰富高校思想政治教育的内涵，提升思想政治教育凝心聚力的效果。

（二）实践意义

1. 有助于践行教育公平理念

社会公平的基础是教育公平，一直以来，追求教育公平是人类在教育领域的忠实理念。随着高等教育成本分担机制的实施，贫困学生能否接受高等教育的问题被提上议程。高等教育如果失去了教育机会均等，社会公平则无从谈起。所以，开展大学生精准资助研究工作，既是贯彻教育公平理念的要求，同时也有利于实现大学生资助的公平性。

2. 有利于增强人力资源储备

作为托起中国梦的强大支撑，高校在实现中华民族伟大复兴的梦想之旅中担负着重大而艰巨的任务。在教育强国、科技强国和创新型国家建设战略实施的进程中，坚实的人力资本有助于提升我国在世界国际竞争中的地位。高校要充分发挥提升人力资本的培育功能，为中华民族复兴培育更多栋梁之才。我国是人力资源大国，却还没有成为人力资源强国。在推进我国成为人力资源强国的过程中，高校要发挥引领作用，培养大批素质高、能力强的人才。毫无疑问，大学生资助工作的高效开展有利于将贫困学生转化为人力资源储备力量，激励在校大学生成长成才，从而推动我国人力资源强国战略的实施，为中华民族伟大复兴之梦的实现提供智力保障。

3. 有助于提升思想政治教育水平

思想政治工作是一切工作的生命线。重视思想政治工作是我国高校建设发展的基本特色,对学校教育教学、人才培养具有重大意义。资助育人,作为高校思想政治工作"十大育人体系"中的重要一维,坚持立德树人的根本任务,以培养社会主义建设者为目标,回应了"培养什么人、怎样培养人、为谁培养人"这些问题。高校资助育人以立德树人为理念,以社会主义核心价值观为引领,以理想信念教育为核心,坚持强化育人体系建设,组建一支包含专业教师、辅导员、行政人员的综合育人团队,并将价值引领融入专业学习、社会实践等高校学生生活学习的方方面面。同时,资助育人还注重结合教育规律与学生成长成才规律,既从育人的阶段性特点出发,又注重教育的连贯性,把握学生思想动态与发展需求,将思想引领贯穿学生入学教育、专业培养、就业创业指导等学生成长成才的全过程。

第二节 研究现状

一、国内研究

当前,诸多国内学者已经围绕高校大学生资助这一主题开展了较为系统的研究,为保证文献获得的全面性,笔者在中国知网数据库内,采用"精准资助"为检索词进行主题检索,共检索出 1 904 篇文献,其中博士学位论文 2 篇、硕士学位论文 72 篇;采用"资助育人"为检索词进行主题检索,共检索出 3 618 篇文献,其中博士学位论文 2 篇、硕士学位论文 100 篇。

根据梳理,国内学者的研究成果主要有以下几个方面。

1. 关于精准资助的研究

赵柳基于"精准扶贫"理念,论述了高校通过开展"精准资助"工作保障家庭经济困难学生在校学习期间能够得到必要的经济支持,避免因贫困而导致失学。他进一步指出,高校资助工作的最终目标是实现精准资助和资助育人[①]。陈凯认为,经济资助是高校资助工作的基础和后续相关工作顺利开展的前提。在落实资助政策时,高校应当注重基础工作的完成,解决贫困生的经济问题,同时采用符合学生特点、贴近资助工作实际的先进模式。这些工作对于保障学生成长发展具有重要意义,也有益于促进教育公平和机会均等化的实现。因此,高校应该尽全力优化资助工作,打造出更加完善的体系,以便更好地服务于广大学生[②]。王萍萍认为,在资助认定过程中,可以利用大数据技术来精准认定贫困学生。通过使用量表对学生进行评估和认定,可以更加准确地了解学生的家庭经济状况,减少主观因素和偏差的影响[③]。

舒强指出,现在高校精准资助面临重大挑战,可以从完善资助信息传递机制、精准识别贫困生、提高资助覆盖面、引导受助学生树立正确观念等多个方面入手,确保资助资源合理配置,进而提高贫困学生的教育机会和发展

---

① 赵柳."精准扶贫"思想对高校资助育人工作的启示[J].西部素质教育,2020(4):179-180.
② 陈凯.立德树人视域下高校学生精准资助工作的思考[J].智库时代,2020(10):107-108.
③ 王萍萍.大数据背景下高校家庭经济困难生精准资助路径研究[J].产业创新研究,2019(12):193-195.

水平①。张一驰认为,高校精准资助育人的基础保障包括资助育人相关理论建设、师资队伍建设、资助管理平台建设、资助育人效果评估②。胡伟芳认为,高校应该在精准资助中做到点面结合。具体来说,针对建档立卡大学生,应该对其进行精准资助,确保资助政策能够准确覆盖到每一位符合条件的学生。同时,高校还应对整个资助过程进行动态监控,确保资助资源的有效利用和公平分配③。

2. 关于资助育人模式的研究

国内学者关于资助育人模式的研究非常丰富。推行发展性资助模式是高校精准资助育人的重要方向之一。发展性资助模式与传统的"救济型资助"模式相比,更加注重培养学生的自我发展能力和终身学习能力,提高学生的竞争力和社会适应能力,从而实现教育公平和社会公正。这一资助模式的转变需要各个资助机构、组织和工作者共同努力。史凌芳提出的"扶困·励志·强能"三位一体育人模式是一种融合了经济救济、精神扶助和能力帮扶的资助模式,旨在全面支持家庭经济困难学生的发展④。李玉荣提出"主题式育人,定向性走访"的资助育人模式,是一种注重定向性、针对性、全方位服务的育人模式,旨在帮助学生全面发展,提升自我素质和综合能力。它强调育人主题,从学生的实际需求出发,进行多元化、差异化的帮扶工作,为家庭经济困难学生提供更加精准和有效的支持和服务⑤。孙莉玲提出"育志、育智"为目标的高校精准资助育人体系,强调在经济资助的基础上,通过思想政治引导和综合素质教育等方式,全面培养学生的良好品质和综合能力⑥。

3. 关于高校资助育人功能研究

目前,对于高校资助育人功能的研究主要关注两个方面:一是评估育人功能产生的效果,二是探索最优化育人效果的方法。

首先,关于育人功能效果的研究。对于贫困生的资助不仅仅涉及经济援助,还要密切注意他们在精神和思想层面的需求和变化。刘卫锋认为,资

---

① 舒强.高校困难生"精准资助"实现路径研究[J].教育教学论坛,2020(7):333-334.
② 张一驰.高校立德树人任务下精准资助育人路径探析:以湖南文理学院为例[J].创新与创业教育,2020(1):99-102.
③ 胡伟芳.精准扶贫政策下的大学生精准资助新思路[J].科技风,2020(8):220-222.
④ 史凌芳."扶困·励志·强能"三位一体高校学生资助工作模式的思考[J].学校党建与思想教育,2014(2):29-31.
⑤ 李玉荣."主题定向式"资助育人模式的实践探索——以东北林业大学为例[J].思想教育研究,2015(11):105-108.
⑥ 孙莉玲.以"育志、育智"为目标的高校精准资助育人体系构建[J].江苏高教,2019(12):120-123.

助工作不仅仅是提供经济上的援助,更重要的是通过资助过程中对受助学生的心理、思想、道德和意识等方面进行培养,实现育人效果。这种育人效果是多维度的,包括心理层面的自信心和成就感、思想层面的价值观和世界观、道德层面的行为规范和良好品质,以及意识层面的社会责任感和使命感[1]。他进一步指出在高校资助工作中存在一些问题,如过于注重提供资助,而忽视了学生自我发展的能力;过于强调平等,而忽略了公平的原则;过于关注结果,而不重视资助过程中的培养和引导。这些问题可能导致学生过度依赖资助、机会分配不公平以及对于育人效果评估的片面性。钱春霞指出,高校资助工作过于强调工具理性,忽略了受助学生的精神需求,可能导致学生对资助过程产生疏离感,难以真正实现育人效果[2]。蔡路、刘运显指出,要进一步挖掘高校资助体系的育人功能[3]。于乐强调通过提高学生的社交能力和关注内驱能力来提升他们的综合素养和能力水平[4]。杨欢认为,贫困学生容易忽略组织管理能力、沟通交流等综合能力的提升,建议高校广泛开展第二课堂活动,为贫困学生提升综合能力提供途径与平台[5]。

其次,关于提升育人功能的有效性研究。马从兵认为,做好资助育人的关键在于实现工具理性和价值理性的平衡与融合[6]。杨红波建议,改善资助体系,使其更加注重能力资助,并建立一个有效的绩效评估体系,以提高资助的质量和绩效[7]。高玉玲认为,贫困生资助工作存在申请不规范和部分人挤占资源的问题,这些问题严重影响了资助的有效性[8]。赵贵臣认为,通过人文关怀帮助贫困生养成良好的道德行为,通过道德感召和规范帮助贫困生实现社会化[9]。姜沛民提出,可以通过规范业务流程和建立相应的平台,增强资助育人的效果。他还建议将资助与人文教育有机结合起来,以更好地促进学生的综合素质提升[10]。

---

[1] 刘卫锋.从"资助助人"向"资助育人"转变[J].中国高等教育,2016(8):42-44.
[2] 钱春霞.高校资助育人有效性的心理学思考[J].教育评论,2016(7):31-34.
[3] 蔡路,刘运显.试论高校学生资助体系的育人功能[J].学校党建与思想教育,2015(5):53-54.
[4] 于乐.基于能力贫困理论的高校资助育人工作研究[J].科技经济导刊,2020(31):103.
[5] 杨欢,李云燕,袁敬.脱贫攻坚背景下的经济困难学生求职能力提升途径及方法研究[J].科教导刊,2020(33):172-173.
[6] 马从兵.从工具理性与价值理性的统合谈高校资助育人的实效性[J].高等农业教育,2014(12):44-47.
[7] 杨红波.我国高校家庭经济困难学生资助的有效性探讨[J].思想教育研究,2014(7):70-73.
[8] 高玉玲.论高校贫困生资助原则的耦合[J].高教探索,2007(3):125.
[9] 赵贵臣.大学生资助结构优化策略构建[J].国家教育行政学院学报,2015(11):20-24.
[10] 姜沛民.育人为本 需求导向 提升高校学生资助工作实效[J].中国高等教育,2016(9):15-16.

4. 关于高校资助工作中德育功能的影响因素研究

近年来学术界对影响德育功能发挥的制约因素进行了深入研究,主要涉及以下三个方面:资助体系不健全、资助理念不完善、资助效果不理想。

首先,资助体系不健全。吴连臣提出,现阶段我国的资助体系过于依赖国家政策和政府经济扶持,导致资助主体与被资助主体之间的互动不够,使得资助功能和育人功能脱离①。张妍发现,高校资助育人存在一些问题,如贫困生认定机制不完善、资助主体单一等,需要进一步优化资助体系的内部结构,以构建一个更加综合完善的资助体系②。徐卫兴和魏艳认为,高校贫困生资助制度体系不完善,贫困学生的认定标准模糊、宽泛③。

其次,资助内涵有待提高。姚臻提出,更新资助育人功能理念需要从经济补偿向全面发展转变,注重学生的思想教育、综合素质培养和职业规划,为他们提供更多支持和机会,帮助他们成长为有能力和担当的社会人才④。王涛指出,应将资助与育人相结合,在生活、精神、实践等方面实现全面的帮助和支持⑤。杨爱民强调将资助和育人相结合,使学生资助体系更加专业化⑥。徐惠忠、程显毅提出,现行资助体系过于偏重无偿式援助,而缺乏发展性资助理念。这种情况会削弱资助工作本身的价值功能,即仅仅提供经济支持并不能全面满足学生的需求⑦。

最后,资助效果不理想。赵贵臣指出了资助效果不理想的主要原因,包括资助者关系的单一利益化、资助观念的功利化以及资助者权力的片面化。贾明超等指出了现有资助体系存在的一些问题,包括重经济资助而忽视心理资助、忽视有偿和激励资助以及能力培养资助⑧。王思华指出高校资助育人的问题,主要表现为过于关注资助形式,而对于育人目标的针对性不足⑨。

---

① 吴连臣,田春艳,张力.高校资助育人体系的实践与探索:以大连海洋大学为例[J].学校党建与思想教育,2014(2):27.
② 张妍,齐兰芬,张敬茹.高校贫困生教育资助现状调查——基于学生的视角[J].黑龙江高教研究,2014(3):21-24.
③ 徐卫兴,魏艳.改革开放以来高校学生资助制度的回眸与前瞻[J].思想理论教育(上半月综合版)2009,(3):78-83.
④ 姚臻.大学生资助工作视域下育人体系构建探析[J].黑龙江高教研究,2014(2):107.
⑤ 王涛.资助中坚持育人 育人中创新资助:陕西师范大学资助育人工作的实践与思考[J].思想教育研究,2011(12):43.
⑥ 杨爱民.高校学生资助工作机构合理运行模式研究[J].中国高等教育,2010(11):52-53.
⑦ 徐惠忠,程显毅.高校学生资助提升育人绩效的理论依据和实践[J].中国成人教育,2015(1):54.
⑧ 贾明超,范正祥,陆斌."育人为本"资助理念视角下的高校资助工作探析[J].中国地质大学学报(社会科学版),2013(6):70-71.
⑨ 王思华."中国梦"视角下的高校资助育人工作研究[J].学校党建与思想教育,2015(24):42-43.

5. 关于贫困生群体的研究

贫困生是高校资助育人的主要受益群体。当前,应该重视贫困生在思想和心理健康方面所面临的问题,这与育人工作密切相关。赵贵臣和刘和忠指出,贫困生不仅在经济上面临挑战,还面临着心理、思想和学习困惑①。薛浩强调贫困生的认定是动态的,认定工作需快速、准确、全面。在解决贫困生经济困境的同时,也要高度关注他们的心灵脱贫,避免陷入经济和精神上的"双重困境"②。徐惠忠和程显毅认为,大学生的人力资本包括了心理素质、可迁移职业能力、专业能力和学习能力,而贫困生在前三个方面常处于不利地位③。徐小莉和焦爱新认为,经济困难的大学生容易遇到挫折,资助育人为他们提供了接受适应性教育和心理健康教育的机会④。

6. 关于资助与思想政治教育关系研究

作为高校德育的重要组成部分,资助育人的核心目标是通过人文关怀,帮助贫困学生实现全面成长和发展。姜沛民强调了德育的重要性,并倡导在资助工作的全过程中将思想政治教育融入其中⑤。陈秉公指出,学生资助是大学生思想政治教育的重要途径,而其本质在于通过人文关怀来实现学生的德育目标⑥。赵贵臣等强调了思想政治教育与大学生资助工作的相辅相成关系。思想政治教育是保证资助工作有效进行的重要保障,通过在资助服务指导中加强思想政治教育,可以促进资助工作的公平和公正⑦。赵安勇认为,资助育人是高校思想政治教育的重要组成部分,要充分发挥资助育人工作中的思想政治教育作用,通过物质层面的资助、精神层面的培育以及能力方面的锻炼,更好地实现育人目标⑧。徐惠忠等指出,资助应以教育为导向,以育人为目的,只有具备教育功能才能实现最大的效益,真正体现其

---

① 赵贵臣,刘和忠. 在大学生资助服务指导中提高思想政治教育有效性的思考[J]. 思想政治教育研究,2012(5):91-94.
② 薛浩. 高校贫困生现行资助体系中亟待改善的几个问题研究[J]. 中国高教研究,2006(07):65-66.
③ 徐惠忠,程显毅. 高校学生资助提升育人绩效的理论依据和实践[J]. 中国成人教育,2015(01):54-57.
④ 徐小莉,焦爱新. 我国高校学生资助育人功能研究[J]. 造纸装备及材料,2020(1):108.
⑤ 姜沛民. 育人为本 需求导向 提升高校学生资助工作实效[J]. 中国高等教育,2016(9):16.
⑥ 陈秉公. 学生资助:大学生思想政治教育的重要途径:评赵贵臣的《中国大学生资助体系德育功能研究》[J]. 思想政治教育研究,2016(6):124-125.
⑦ 赵贵臣,刘和忠. 在大学生资助服务指导中提高思想政治教育有效性的思考[J]. 思想政治教育研究,2012(5):91-94.
⑧ 赵安勇. 高校贫困生资助与育人相结合的思想政治教育途径探讨[J]. 高等农业教育,2012(8):74-76.

价值。这样做可以从根本上避免资助与育人之间的脱节现象①。

7. 资助育人的路径研究

顾雁飞认为,在资助育人的实践中,应从系统工程的角度进行管理。他主张对学生在经济、心理、学业等方面的贫困情况进行分类管理和认定,并采取分层资助的方式,因势施教,进而实现有效的帮扶②。李海燕等强调,将"三全育人"理念与发展型资助相结合,通过建设专业的资助工作队伍来形成协同育人的力量;关注学生的成长,将资助育人的内容贯穿始终;结合显性和隐性资助,拓展资助方式,强化学生的参与感和获得感③。蒋瑾提出了基于"三全育人"的高校资助工作"负反馈"模式,将国家和社会对于经济困难学生的资助抽象成系统输入,通过"三全育人"理念来指导整个系统的运作过程④。欧姣姣等主张在思想政治教育、课程学习、社会实践、校园文化等多个层面上同步贯彻资助育人的理念。她认为这需要学校、学院、年级、班级,以及辅导员、教师和学生之间的协同联动,共同参与资助育人工作的开展⑤。

二、国外研究

国外关于大学生资助的研究主要涉及如下几个方面。

1. 关于大学生资助概念的研究

在英国,教会和君主为贫困学生提供资金资助的活动形成了最早的"慈善与宗教"的资助概念。瑞典教育家胡森提出了"教育机会均等"的概念⑥。美国学者布鲁斯·约翰斯通提出了"高等教育成本分担理论"⑦,并阐述了学生资助的相关内容。

美国的混合资助模式强调了多元化的资金来源和渠道。随着时间的推移,这一模式得到了政府、社会和高校的广泛认可和接受。

---

① 徐惠忠,程显毅.高校学生资助提升育人绩效的理论依据和实践[J].中国成人教育,2015(01):54-57.
② 顾雁飞.基于"志智双育"视域下高校资助育人实践路径研究[J].黑龙江教育(理论与实践),2021(1):54.
③ 李海燕,李梦凡.三全育人理念下高校发展型资助提升路径探究[J].黑龙江教育(理论与实践),2020(12):33-35.
④ 蒋瑾,丁贞权,危远荣."三全育人"视域下高校资助工作运行路径研究[J].锦州医科大学学报(社会科学版)2020(5):78-82.
⑤ 欧姣姣,祁君."大思政"视域下高校资助育人工作路径探析[J].湖北经济学院学报(人文社会科学版),2020,17(9):118-120.
⑥ [瑞典]托尔斯顿.胡森.社会环境与学业成就[M].昆明:云南教育出版社,1991:5-37.
⑦ [美]D.B.约翰斯通.高等教育的成本分担:英国、联邦德国、法国、瑞典和美国的学生财政资助[M].北京:商务印书馆,1990:68-112.

2. 关于大学生资助模式的研究

《国际教育学百科全书》对国外高校的学生资助模式进行了全面介绍。这些模式包括减免学费模式,比如政府直接向学校拨款或支付授课费用,以及向经济困难学生提供津贴。总体而言,国外存在三种主要的资助模式。第一种是美国的混合资助模式,强调资金来源的多元化。第二种是瑞士的模式,国家提供免学费政策且学生可通过申请贷款来保证生活费用。第三种是英国的模式,国家支付学费,并且学生有机会申请助学金[①]。每个国家的资助模式受到社会、历史和人文等多种因素的影响,因此它们在侧重点上存在差异。

3. 关于高校资助的理论研究

人力资本理论是由西奥多·W.舒尔茨提出的,他在《人力资本投资》一书中阐述了人力资本的基本理论。社会正义论则是由美国伦理学家约翰·罗尔斯在《正义论》中提出的,他强调社会成员在各项机会面前应享有平等的权利。国民财富论则是由亚当·斯密在《国民财富的性质和原因的研究》和《道德情操论》中提出的,他认为那些获得更多社会收益的人应该承担更多的社会责任,并为资助体系的建立提供了一定的理论基础。教育成本分担论则是由D.布鲁斯·约翰斯通提出的,他讨论了贷款对于大学生的重要意义,并提出大学生可以通过贷款来获得进入大学学习的机会。这一理论在欧美国家广泛得到认可。

4. 研究述评

因为别国与我国的基本国情和社会制度存在差异,受到不同社会制度等多因素的影响,国外学者主要关注学生资助理论研究和教育公平等方面。这些研究对于推动高校资助政策的制定、政策的实施以及高校资助政策体系的发展起到了不可忽视的指导作用。然而,随着时代的变化,对于探索我国高校精准资助政策实施中所遇到的困境以及借鉴的意义相对有限。

自2015年起,国内学者对高校精准资助进行了全面深入的研究包括高校精准资助的理论研究、过程认定研究以及实现路径研究等多个方面。通过多个角度的论证,研究证明了高校精准资助的必要性以及当前存在的问题。在高校家庭经济困难学生的认定、执行、评价和反馈的各个阶段,学者们进行了科学的探索。然而,由于高校精准资助相关研究起步较晚,并且受到多元资助主体、多元资助形式以及受资助学生多样化的影响,国内相关研究对问题的提出相对笼统,对高校精准资助政策实施中的困境问题分析还不够透彻。此外,在提出与当前高校精准资助政策契合的对策时,还需要加强与实际操作的一致性。

---

① Penelope Peterson, Eva Baker, Barry McGaw. 国际教育学百科全书:第3卷[M]. 3版. 上海:上海外语教育出版社,2014:52-108.

第三节 研究思路与方法

一、研究思路

绪论:本章主要阐明选题的研究背景和研究意义,提出所要研究的问题,并对本文的研究思路、研究方法等进行简要概述。

第一章:本部分在梳理我国大学生资助政策发展历程的基础之上,阐述了高校大学生资助政策体系。

第二章:核心概念与理论基础。本章系统梳理了本研究的基本概念,阐述了精准扶贫思想、教育公平理论、教育成本分担理论等的基本内容及其对本研究的启示。

第三章:高校资助育人工作实践。本章梳理了我国高校资助育人工作中的困境,介绍了东南大学、天津大学等国内多所高校资助育人的典型案例,并从思政教育、学业指导、心理疏导、就业帮扶、感恩教育、诚信教育等方面阐述了资助育人工作的实践路径。

第四章:运用大数据提升精准资助水平。本章首先阐述了大数据的功能、价值、运用限度和隐患;然后以江苏省为例介绍了当前数字化信息资助平台建设现状,并分析归纳了数字化信息资助平台的不足;以试点高校为例,阐述了智慧资助的理念、框架和工作模式;最后,分别从精准认定、精准管理两个方面提出了运用大数据提升资助精准化的思路。

第五章:资助育人中的隐私保护。本章从哲学视角、制度视角和法律视角对资助育人中的隐私保护问题进行了理论阐发,然后探讨了隐私保护的实践困境,最后提出了加强隐私保护的策略。

第六章:构建精准资助育人体系。本章首先提出要创新资助育人的理念,然后从育人队伍建设、育人平台搭建、育人方式改善等五个方面完善育人机制,最后提出要拓展帮扶渠道、强化精准资助育人主题教育等对策建议。

二、研究方法

1. 文献研究法

利用文献检索和分析的方法收集大学生精准资助、资助育人方面的已有成果,其中包括相关文献、著作、报告公文等内容,通过整理分析已有研究成果来为本研究的开展奠定理论基础、历史依据。

2. 比较分析法

本书通过将国内贫困生资助的主要措施与国外进行分析比较研究,试图从国外成功的经验中挖掘启示,同时联系实际,通过纵横结合的比较分析法,提出完善我国高校贫困生资助体系的对策。

3. 案例分析法

通过对国内高校实施精准资助、资助育人成效较好的典型案例进行剖析,总结借鉴经验。

第一章 高校学生资助政策概述

第一节 我国高校学生资助政策的历史演变[①]

一、新中国初期的高校学生资助(1949—1965年)

新中国成立初期,为促进教育事业快速发展,我国开始探索一系列与社会主义社会相适应的高校学生资助政策。

(一) 实施学生供给制

在新中国成立的早期到1955年期间,我国实行了学生供给制度,资助的学生主要包括干部子弟学校、军政干部学校的学生,以及少数民族和烈士子女学生。他们享受免学费、住宿费、膳食费和服装费。此外,他们还会获得生活津贴。

1952年和1958年,政务院先后取消了针对少数民族学生和烈士子女学生的供给制度,改为发放助学金来支持他们的学习。

一些军政干部学校转变为正规军事院校,并保持了学生供给制度。而另一些军政干部学校则与普通高等学校进行整合,取消了学生供给制度,并改为发放助学金来资助学生。需要注意的是,除了正规军事院校的学生外,其他院校、少数民族学生和烈士子女学生的供给制度或全公费政策都已经取消,转而实施人民助学金政策,以确保教育机会的平等性。

(二) 规范人民助学金制度

新中国成立后,国家逐步对人民助学金制度进行规范,统一不同地区和学校之间的资助标准。

1952年,教育部印发了《关于调整各级各类学校教职工工资及学生人民

[①] 参见:中国学生资助70年(一). http://www.xszz.edu.cn/n85/n167/c7521/content.html;中国学生资助70年(二). http://www.xszz.edu.cn/n85/n167/c7522/content.html.

助学金标准的通知》,其中规定:高等学校学生全部发放人民助学金,其中非师范院校学生每人12元/月;师范院校本科生每人14元/月,专科生每人16元/月;进入高校学习的在职干部每人32元/月。

1952年人民助学金统一以来,除了调整资助标准以外,还调整了资助对象,主要是从普惠制逐渐变为针对家庭经济困难的学生。1955年8月,高等教育部发出《关于执行全国高等学校(不包括高等师范学校)一般学生人民助学金实施办法的指示》,其中将本专科学生发放对象由"全体发给"改为"部分发给"。对于家庭富裕的学生,不发助学金;对于能自己承担一部分伙食费的学生,补足缺失的部分;对于家庭经济困难到难以承担伙食费的,发放全部的伙食费。

二、"文革"前后的高校学生资助(1966—1977年)

1966年到1977年,学生资助的主要形式是人民助学金。在这一特殊历史时期,高校学生资助工作也深深烙上了时代的印迹。

对于"文革"开始以后仍然在校学习的高校在校生,依然发放人民助学金。

1970年,我国大学招生录取方式为直接从工农兵中选拔优秀对象免试入学。对于工农兵学员的人民助学金发放由按比例资助改为全面资助。工厂的学生在校学习期间由学校发伙食费和津贴费用(各地标准不同),其中,工龄超过10年的工人工资由原单位发放,但要扣掉学校发放的部分;来自农村学生的助学金由学校发放;解放军学员的助学金则由部队发放。

根据《国务院科教组关于高等学校1973年招生工作的意见》,符合条件的入学时已有5年工龄的国家职工以及进入一年左右的进修班的国家职工,其工资由原单位负责发放,学校不再提供伙食费和津贴费用,其他学生(不包括解放军学员)则可以享受学校提供的伙食费和津贴费用。其中,伙食费是向所有学生普遍发放的;津贴费用于帮助那些在学习和生活方面遇到困难的学生,包括定期补助和临时补助两种形式,根据学生的家庭经济情况进行评定发放。

三、改革开放之初的高校学生资助(1978—1992年)

1978年至1992年是中国改革开放的初期阶段。在党的十一届三中全会之后,党和国家的工作重点开始向经济建设转移,同时也展开了对教育体制的全面改革。在这一时期,学生资助领域的制度设计发生了重大变化,逐步形成了以政府资助为主、社会资助为辅的模式。

在改革开放初期,中国高等教育经历了逐步恢复、调整和发展的阶段。在学生资助方面,从最初以人民助学金为主的模式,逐渐转变为奖学金和助学金并存的模式,然后又发展到奖学金和贷款并行的模式。这一过程反映了高校学生资助制度的不断完善和多样化。

1. 以人民助学金为主(1978—1983年)

在改革开放之初,我国高校学生资助延续了人民助学金制度,即高校不收学杂费和住宿费,国家定期给学生发放人民助学金。然而,不同地区、不同类别的高校学生,人民助学金覆盖范围和发放标准不同。

1977年,教育部和财政部联合颁布了《普通高等学校、中等学校和技工学校学生实行人民助学金制度的办法》。根据该办法规定,研究生、高等师范学院、体育学院和民族学院的学生将全部享受人民助学金,比例为100%,而其他高等院校的学生享受助学金的比例为75%。对于那些被录取为研究生的国家职工以及满足5年工龄的国家职工选择进入普通高校学习的学生,在他们在校期间,仍然能够获得原单位发放的工资,而不享受人民助学金。如果这些国家职工被录取为研究生后,发现原工资低于研究生人民助学金标准,学校可以按照人民助学金标准给予差额补发。对于工龄不满五年的国家职工应届大学毕业生,在他们成为研究生后,即使不再由原单位支付工资,仍然能够享受人民助学金制度。这意味着他们在求学期间能够得到一定的经济资助来支持他们的学业。

1979年,教育部、财政部和国家劳动总局发布并开始执行了职工助学金制度的规定。根据这项规定,连续工龄满5年的国家职工考入高校后,都将实行职工助学金制度,不再享受原单位的薪资待遇;一般学生则实行人民助学金制度,其中高等师范、体育和民族学院的学生全部享受人民助学金;而其他高校的学生人民助学金的享受比例为75%。从1982年开始,国家职工被录取为研究生后不再享受原单位的薪资待遇,都实行人民助学金制度。

2. 助学金和奖学金共存(1983—1986年)

1983年,教育部和财政部印发了《普通高等学校、专科学校人民助学金暂行办法》和《普通高等学校本、专科学生人民奖学金试行办法》,这两个政策的实施标志着我国高等教育经费保障体系的建立。人民助学金制度的实施帮助了经济困难的学生,以便他们能够完成学业。而人民奖学金则是为了鼓励学生在学习中取得更好的成绩。这些政策的实施提高了教育公平性,也推动了高等教育事业的发展。

首先,将人民助学金的对象分为职工学生和一般学生。连续工龄满5年以上的国家职工被高等学校录取后,即可获得职工学生人民助学金。而对于连续工龄不满5年的国家职工、应届高中生以及其他人员,在被高校录取后,符合生活困难条件的,才有资格申请一般学生人民助学金。

其次,调整了人民助学金的资助比例。只有高等师范、体育(含体育专业)、农林和民族学院的学生按照100%的标准享受人民助学金,而煤炭、矿业、地质、石油类高校的学生则按80%的标准获得人民助学金。其他院校学生的人民助学金比例则从75%降低到60%。

最后,对一些特定专业的学生将发放额外的伙食补助。无论这些学生是否享受人民助学金,体育、航海、舞蹈、戏曲、管乐专业,水产院校中的海洋捕捞、轮机业和刑警院校的学生都将获得不超过40%的专业伙食补助。

人民奖学金的发放范围在学生总人数的10%至15%之间。同时,每位学生能够获得的奖学金金额上限为每年150元。

3. 奖学金、贷学金并行时期(1986—1992年)

1986年,我国将人民助学金制度改革为奖学金和学生贷款制度,并在全国的85所高校开展奖、贷学金试点。

1987年,国家教委和财政部发布了《普通高等学校本、专科学生实行奖学金制度的办法》和《普通高等学校本、专科学生实行贷款制度的办法》,要求所有高校都要实行奖学金和贷款制度。根据规定,奖学金主要包括优秀学生奖学金、专业奖学金和定向奖学金。

(1)优秀学生奖学金。该奖学金旨在奖励那些在德、智、体全面发展方面表现出色的优秀学生。根据评选结果,奖学金分为一等优秀学生奖学金、二等优秀学生奖学金和三等优秀学生奖学金。一等奖学金的评选比例为学生人数的5%,每位获奖学生每年将获得350元;二等奖学金的评选比例为学生人数的10%,每位获奖学生每年将获得250元;三等奖学金的评选比例也为学生人数的10%,每位获奖学生每年将获得150元。

(2)专业奖学金。该奖学金适用于师范、农林、体育、民族、航海等专业的高校学生。首先,在学生入学的第一年,所有学生将获得三等专业奖学金,每人每年300元。从第二学年开始,奖学金的评定将根据学生人数的比例进行。其中,一等专业奖学金的评选比例为学生人数的5%,每位获奖学生每年将获得400元;二等专业奖学金的评选比例为学生人数的10%,每位获奖学生每年将获得350元;而剩下的学生每年将获得300元的三等专业奖学金。

(3)定向奖学金。该奖学金面向高校学生,鼓励他们志愿前往边疆、贫困地区和艰苦行业工作。具体奖金金额由相关部门和地区根据计划制定。这样的奖学金计划旨在支持和鼓励年轻人为社会做出积极贡献,并提供他们所需的资助和支持。

在这个时期,国家向家庭经济困难的学生提供无息贷款的额度有所限制。每位学生每年最高可获得300元的无息贷款金额,并且发放比例被严格控制在学生总人数的30%以内。

四、经济转型时期的高校学生资助(1993—2006年)

1993年《中国教育改革和发展纲要》出台后,教育体制改革进入了快速发展时期。这一时期的高校学生资助主要特征为混合资助,高校学生资助举措增加,资助主体多元,资助规模扩大。

1. 政府奖助学金

(1)调高专业奖学金金额

1994年,民族专业学生奖学金的金额提高至每人每年700元,而其他专业学生奖学金的金额提高至每人每年500元。

(2)设立研究生奖学金

1994年,国家教委和财政部共同发布了《普通高等学校研究生奖学金办法》,该办法设立了研究生奖学金,包括普通奖学金和优秀奖学金两种类型。其中,普通奖学金的资助标准主要依据研究生的工作经历,博士研究生每人每月190~230元,硕士研究生每人每月147~187元。而优秀奖学金的标准、评定比例和发放办法则由各高校自行决定。

(3)设立国家奖助学金

2002年,财政部和教育部联合发布了《国家奖学金管理办法》。根据该办法,中央政府每年拨款2亿元用于设立国家奖学金,资助4.5万名成绩优秀的经济困难本专科学生。国家奖学金分为一等奖学金和二等奖学金两个等级,获得一等奖学金的学生每年将获得6 000元,获得二等奖学金的学生每年将获得4 000元。此外,国家奖学金获得者所在的学校将全额减免该生当年的学费。

2005年,财政部和教育部发布了《国家助学金管理办法》,由中央政府出资,通过设立国家助学金来帮助家庭经济困难的学生完成学业。国家助学金的资助对象是在高校就读的家庭经济特别困难的全日制本专科学生。每个受助学生每月可以获得150元的资助,每年共发放10个月,每年大约有53.3万名学生受到国家助学金的资助。

2. 设立国家助学贷款

1999年,国务院办公厅批转了中国人民银行、教育部、财政部等部门发布的文件,包括《关于国家助学贷款管理的规定(试行)通知》和《国家助学贷款管理操作规程(试行)》。这一政策在北京等8个城市进行试点实施。根据规定,中国人民银行指定中国工商银行负责办理助学贷款业务,帮助经济困难的高校学生支付学费和日常生活费用。国家助学贷款的利率按照中国人民银行公布的法定贷款利率执行。为减轻学生还贷的负担,财政部门提供了50%的利息补贴,使贷款学生能够享受较低的利率。

2004年,教育部、财政部、中国人民银行、银监会共同印发了《关于进一步完善国家助学贷款工作的若干意见》。该文件采取了一系列措施来改进和完善国家助学贷款制度:通过招标方式选择贷款经办银行,以确保贷款发放的透明度和效率;规定在学生在校期间,财政部承担贷款利息,而学生毕业后,将由学生自己负担贷款利息;延长还贷期限至6年,使学生在还款方面有更多的时间和灵活性;试行基层就业贷款代偿政策,为毕业生提供了在基层就业的支持;建立了国家助学贷款风险补偿专项资金,为贷款经办银行提供适当的补偿,增强了风险管理和防范机制。这些措施的实施进一步健全了国家助学贷款的管理体制,改革了贷款审批和发放方式,完善了还贷约束机制和风险防范机制。

2006年,《高等学校毕业生国家助学贷款代偿资助暂行办法》出台,这一办法针对到西部和艰苦地区基层单位就业并且服务期超过3年的中央部属高校毕业生学生提供了代偿资助。

3. 规范勤工助学和研究生"三助"工作

1993年,国家教委、财政部印发《关于进一步做好高等学校勤工助学工作意见》,对勤工助学工作的组织领导和机构设置、报酬标准和资金筹措、岗位设置和工作内容等方面进行了明确规定。该文件的发布旨在进一步提升高等学校勤工助学工作的水平和质量,为经济困难的学生提供更多支持和帮助,促进他们全面发展和顺利完成学业。

1994年,国家教委和财政部发布了《关于在普通高等学校设立勤工助学基金的通知》,该通知要求各高校增加勤工助学基金的资金,以确保勤工助学工作的可持续发展。而在1999年,教育部和财政部联合印发了《关于进一步加强高校资助经济困难学生工作的通知》。该通知要求各学校每年从学费收入中拨出10%的经费,用于支持和发展勤工助学工作。同时,通知还提出了大力推进研究生兼任"助教、助研、助管"的工作方式,争取在两到三年的时间内,将担任"三助"岗位的研究生人数提高到超过50%。这一举措有助于提高研究生的实践能力和科研水平,促进他们更好地融入学术环境和培养综合素质。这些举措的实施有助于缓解学生的经济负担,改善他们的学习和生活条件,并提升他们的专业能力和就业竞争力。此外,也有助于推动高等教育的公平与可持续发展。

2005年,教育部、团中央联合印发的《关于进一步做好大学生勤工助学工作的意见》进一步明确了勤工助学的酬金标准(不低于8元/小时)、最长工作时间(不超过8小时/周),维护了勤工助学学生的基本权益。

4. 开设新生入学"绿色通道"

1998年,清华大学率先实施了"绿色通道"政策,这一政策旨在帮助家庭经济困难的新生顺利办理入学手续,并根据其家庭经济情况提供相应的资助。该措施对于缓解贫困学生家庭经济负担、确保贫困学生能够顺利进入大学起到了积极的作用。

2000年,教育部、国家计委和财政部共同发布了《关于2000年高等学校招生收费工作若干意见的通知》。该通知要求所有高校都要设立类似的"绿色通道",以确保所有家庭经济困难的新生都能够享受到相应的资助和帮助。这一政策的实施旨在确保高等教育的公平性,使更多有能力但家庭经济困难的学生有机会接受高等教育。

通过引入"绿色通道"政策并推动其在全国范围内的普及,各高校能够更好地关注并支持家庭经济困难的学生,为他们提供一个机会平等的教育环境。这有助于降低经济差异对教育机会的影响,促进社会公平与教育公正。同时,这也是高等教育领域努力追求包容性和可持续发展的一项重要举措。

5. 社会资助

教育基金会在推动社会捐资助学事业的发展方面发挥了重要作用。全国各级各类社会奖助学金项目陆续成立,为广大有需要的学生提供了多样化的资助方式。这些项目的设立涉及多种捐资主体,包括企业单位、事业单位和个人。捐资渠道也多样化,既有通过教育基金会平台进行捐赠的,也有直接面向受助者的捐助方式。同时,这些项目的资助对象也广泛而多样化,不仅帮助困难学生解决学费和生活费等问题,还奖励优秀学生并针对特定群体提供资助。

6. 其他资助措施

1999年,教育部和财政部共同发布了《关于进一步加强高校资助经济困难学生工作的通知》。针对家庭经济特别困难的学生,高校要提供更为全面的支持。除了提供学生贷款、勤工助学和特殊困难补助等常见手段外,高校还要积极减免这些学生的学费。这一政策的实施有助于减轻他们的经济负担,确保他们可以顺利获得学位。

通过加大对经济困难学生的资助工作力度,并贯彻执行学费减免政策,各高校可以更好地照顾到那些家庭经济特别困难的学生。这一系列措施的实施有助于提高他们的教育获得机会,改善学习和生活条件,促进社会公平与教育公正。同时,这也体现了国家对高等教育的关注和支持,推动了高校资助经济困难学生工作的持续发展。

这些社会奖助学金项目的设立和运作,为更多的学生提供了获得教育机会的可能性。企业单位、事业单位和个人的捐赠行为彰显了社会的关爱和责任意识,推动了教育公益事业的发展。教育基金会的建立和运营,为社会捐资助学提供了一个有效的平台,促进了教育资源的合理配置和利用。

五、构建高校学生资助政策新体系(2007年以来)

(一)概述

2007年,国务院发布了《关于建立健全普通本科高校、高等职业学校和中等职业学校家庭经济困难学生资助政策体系的意见》,这意味着我国高校学生资助工作进入了新的发展阶段。随着国家学生资助项目的逐步增多,资助面逐渐扩大,这些政策措施帮助减轻了经济困难家庭的经济负担,增强了人民群众的获得感,为家庭经济困难学生实现人生梦想提供了强有力的支持。

1. 资助政策概况

2007年,财政部和教育部相继颁布了一系列资助政策,包括国家奖学金、国家励志奖学金、国家助学金、生源地信用助学贷款、免费师范生、勤工助学等。这些政策旨在通过不同形式的资助方式,帮助经济困难的学生实现其接受高等教育的梦想。

(1) 改革国家奖学金。2007年,财政部和教育部发布了《普通本科高校、高等职业学校国家奖学金管理暂行办法》,对本专科生国家奖学金进行了改革。该奖学金由中央政府出资,并针对全日制本专科学生中表现特别优秀的学生设立。每年共计奖励5万人,每人获得8 000元/年的奖学金。随后,2019年,教育部和财政部联合发布了《本专科生国家奖学金评审办法》,进一步规范了对本专科生国家奖学金的评审工作。这一举措旨在确保评审过程公平、公正,并提高奖学金的使用效益。

(2) 设立国家励志奖学金。2007年,财政部和教育部联合印发了《普通本科高校、高等职业学校国家励志奖学金管理暂行办法》。该政策由中央和地方政府共同出资,面向全日制本专科(包括高职和第二学士学位)学生中表现品学兼优、家庭经济困难的学生设立国家励志奖学金。国家励志奖学金的奖励标准为每生5 000元/年,奖励比例约为在校本专科生数量的3%。国家励志奖学金的设立,是我国高等教育资助政策不断完善的重要一步。它为广大有志于学习的学生提供了更多获得资助和鼓励的机会,同时也促进了社会公正和人才培养的深入发展。

(3) 完善国家助学金政策。2007年,财政部和教育部联合印发了《普通本科高校、高等职业学校国家助学金管理暂行办法》。该政策是由中央和地方政府共同出资,面向高校全日制本专科在校生中的家庭经济困难学生设立的国家助学金。国家助学金的平均资助标准从每生1 500元/年上调至每生2 000元/年,并具体分为2~3个档次。这一调整旨在提高对家庭经济困难学生的资助力度,以确保他们能够顺利完成学业。而在2010年,财政部和教育部再次调整了本专科生国家助学金的平均资助标准,将其提高到每生3 000元/年。

2019年,国务院常务会议研究决定了一系列扩大奖助学金政策的举措。其中,国家奖学金的奖励名额从5 000人增加到15 000人,这是为了更多地鼓励优秀学生,在学业上取得卓越成绩的同时获得资助。此外,国家励志奖学金的覆盖面也提高至3.3%,以资助更多的有潜力且家庭经济困难的学生。国家助学金的覆盖范围也扩大了,并且平均补助标准从每生每年3 000元提高到3 300元。此举旨在更好地支持那些家庭经济困难的学生,帮助他们顺利完成学业。同时,本科院校学生的补助标准也得到提高,以更好地满足他们的学习需求。

国家助学金的设立和资助标准调整,秉持着照顾家庭经济困难学生的原则,旨在缓解他们的经济压力,帮助他们更好地完成学业。这一政策的实施,有力地促进了教育公平,为家庭经济困难学生提供了更多的机会和资源,让他们能够平等接受高等教育。国家助学金的调整也反映了政府对于高等教育资助体系的关注和优化。通过提高助学金的资助标准,政府进一步创造了更加公平和包容的学习环境,为广大学生提供了更多的发展机会,推动了人力资源的培养和社会进步。

(4) 实施师范生免费教育。2007年,国务院办公厅转发了《教育部等部门关于教育部直属师范大学师范生免费教育实施办法(试行)》,决定在北京师范大学、华东师范大学、东北师范大学、华中师范大学、陕西师范大学和西南大学这六所中央部属师范大学实行师范生免费教育政策。根据该政策,从2007年秋季开始,师范生在这六所师范大学的学习期间将免除学费、不需要支付住宿费,并且还会得到生活费的补助。这些所需经费将由中央财政进行安排。这项政策的实施旨在鼓励更多的优秀学生选择师范专业,提高教育人才的培养质量。通过免费教育和生活费的补助,师范生能够专心学习,减轻经济负担,进一步推动了师范教育事业的发展。

(5) 开展生源地信用助学贷款。2007年,财政部、教育部和国家开发银行共同印发了《关于在一些地区试行学生生源地信用助学贷款的通知》,决定在江苏、湖北等地区试行生源地信用助学贷款。2008年,财政部、教育部和银监会联合印发了《关于积极推进生源地信用助学贷款工作的通知》,向全日制普通本科高校、高等职业学校和高等专科学校的新生及在校生中的贫困学生提供生源地信用助学贷款。2022年，财政部和教育部共同印发了《生源地信用助学贷款风险补偿金管理办法》，进一步完善生源地信用助学贷款风险补偿机制，充分发挥风险补偿金的风险防控和奖励引导作用。这项政策旨在帮助家庭经济困难的学生顺利完成学业，减轻其经济负担，同时也促进了教育公平和人才培养。

(6) 规范勤工助学。2007年，教育部和财政部联合印发了《关于规范高校学生勤工助学工作的管理办法》，旨在对全日制普通本科高校、高等职业学校和高等专科学校的本专科学生和研究生的勤工助学活动进行全面规范。具体而言，它要求学校建立健全勤工助学组织机构，明确不同职能部门的责任和任务。同时，学校需要合理设置勤工助学岗位，提供丰富多样的工作选择，以满足学生的需求。此外，办法还规定了勤工助学的酬金标准，确保学生得到合理的报酬。同时，对参与勤工助学活动的学生和学校都明确了法律责任，以维护勤工助学的公正性和合法性。

2018年，教育部、财政部印发《高等学校勤工助学管理办法（2018年修订）》，将勤工助学酬金标准的下限由8元/小时提高到12元/小时。这一系列管理办法的实施，对高校学生勤工助学活动的各个环节进行了规范，保障了学生的权益，促进了校园内勤工助学的有序开展。

2. 完善补偿代偿

2009年，财政部、教育部公布了《高等学校毕业生学费和国家助学贷款代偿暂行办法》，扩大了原只适用于中央高校毕业生基层就业国家助学贷款代偿政策的受益人群范围，将政策扩大到了学费补偿贷款代偿，并覆盖中西部地区和艰苦边远地区。按照该政策，如果中央高校毕业生前往上述地区的基层单位就业服务3年及以上，其学费将由国家代偿。同年，财政部、教育部、总参谋部推出了《应征入伍服义务兵役高等学校毕业生学费补偿国家助学贷款代偿暂行办法》，决定对应征入伍服义务兵役的高等学校毕业生在校期间缴纳的学费进行补偿，并对符合条件的申请进行国家助学贷款代偿，进一步扩大政策受益面。

2013年，财政部、教育部、总参谋部颁布了《高等学校学生应征入伍服义务兵役国家资助办法》，将政策范围进一步扩大，包括全日制普通本专科生、研究生、第二学士学位应届毕业生和在校生，以及成人高校的普通本专科应届毕业生、在校生和入学新生，全部纳入应征入伍服义务兵役国家资助范围,并可享受学费补偿或国家助学贷款代偿。2015年,财政部、教育部、总参谋部发布了《关于对直接招收为士官的高等学校学生施行国家资助的通知》,将直接招收为士官的高等学校学生也纳入国家资助范围,完善了高校学生国家资助政策。

3. 实施退役士兵学费资助

2011年,财政部、教育部等部门发布了《关于实施退役士兵教育资助政策的意见》,该政策旨在为考入全日制普通高校的退役士兵提供学费资助。2021年,《退役军人事务部等七部门关于全面做好退役士兵教育培训工作的指导意见》指出,自2019年秋季学期起,通过全国高考或高职分类招考方式考入普通高等学校的全日制在校自主就业退役士兵学生可享受学费减免,并按照规定标准执行最高限额。此外,全日制在校退役士兵学生还可以获得本专科生国家助学金的支持。

4. 设立新生入学资助项目

2012年,国家利用中央专项彩票公益金"润雨计划"专项资金成立了新生入学资助项目,旨在帮助中西部地区家庭经济特别困难的新生应对入学所需的路费和校内短期生活费用。该项目的资助标准为录取至省内院校的新生每人提供500元资助,而录取至省外院校的新生则可获得每人1 000元的资助。通过这一资助项目,有需要的学生可以获得一定的经济支持,更好地适应大学生活。

5. 设立研究生国家奖学金

2012年,财政部和教育部发布了《研究生国家奖学金管理暂行办法》,自2012年秋季学期开始实行研究生国家奖学金制度。根据该制度,每年将向10 000名博士研究生提供每人3万元的奖学金,同时也将向35 000名硕士研究生提供每人2万元的奖学金。通过这一制度,鼓励和支持优秀的研究生进行深造,以推动中国高等教育的发展。

6. 设立研究生国家助学金

2013年,财政部和教育部颁布了《研究生国家助学金管理暂行办法》,自2014年秋季学期开始实施研究生国家助学金计划,该计划向所有纳入招生计划的全日制研究生提供资助。根据这一规定,硕士研究生每年的助学金标准不低于6 000元,而博士研究生的资助标准则不低于1万元。在2017年,博士研究生的资助标准提高至不低于1.3万元。通过研究生国家助学金计划,为更多有需求的研究生提供经济支持,促进他们顺利完成学业。

7. 设立研究生学业奖学金

2013年7月,财政部和教育部一同发布了《研究生学业奖学金管理暂行办法》。从2014年秋季学期开始,研究生学业奖学金得以设立。中央财政根据每名博士研究生每年10 000元、每名硕士研究生每年8 000元的标准以及在校生人数的一定比例为中央高校研究生学业奖学金提供资金支持。各省的财政部门与教育部门共同确定本地区所属高校的研究生学业奖学金的资助力度,并编制相应的管理办法。这一计划的目标在于激励优秀研究生,并提高中国高等教育的水平。

8. 完善国家助学贷款政策

2014年《关于调整完善国家助学贷款相关政策措施的通知》发布,提高了国家助学贷款和学费补偿贷款的代偿资助标准。本科生每年最高贷款金额从6 000元增加到8 000元,研究生每年最高贷款金额从6 000元增加到12 000元。接着在2015年,《关于完善国家助学贷款政策的若干意见》出台。这一意见扩大了贴息范围,延长了还款期限,并建立了还款救助机制。

2020年,教育部、财政部、中国人民银行和银保监会发布了《关于调整完善国家助学贷款有关政策的通知》,进一步加大对经济困难学生的支持。通知中包括以下调整措施:(1)助学贷款还本宽限期延长。原来的还本宽限期为3年,现在延长至5年,让借贷学生有足够时间还款。(2)助学贷款期限调整。原来的贷款期限为学制加13年,最长不超过20年,现在调整为学制加15年,最长不超过22年,以更好地适应学生的还款情况。(3)助学贷款利率调整。从2020年1月1日起,新签订合同的助学贷款利率按照同期同档次的贷款市场报价利率(LPR)减少30个基点执行,降低学生还款负担。这些政策调整旨在进一步减轻经济困难学生的负担,并提供更灵活的还款条件和更低的贷款利率,保障贫困学生接受高等教育的机会。

2021年,《关于进一步完善国家助学贷款政策的通知》(财教〔2021〕164号)发布,进一步提升了助学贷款额度。全日制普通本专科学生每人每年可申请的贷款额度从原先的不超过8 000元提高到不超过12 000元;全日制研究生每人每年可申请的贷款额度从不超过12 000元提高到不超过16 000元。根据新政策,学生申请的国家助学贷款优先用于支付在校期间的学费和住宿费,剩余部分补贴生活花销。这一调整旨在进一步支持经济困难的学生,提供更多资金支持以应对学费和住宿费的压力,并确保学生能够顺利完成学业。同时,也充分考虑了学生的日常生活需求,以便更好地帮助他们平衡学习和个人生活的开支。

经过 70 多年来的不懈努力,我国建立了一条独具中国特色、符合国情的学生资助之路,基本实现了"不让一个学生因家庭经济困难而失学"的目标。在过去的几十年里,高校学生资助政策得到了强力推动,对于促进我国高等教育事业的快速发展和教育公平实现质的飞跃起到了重要作用。同时,它也为我国人力资源的发展水平提升做出了积极贡献,推动我国从人口大国向人力资源大国的转变。此外,学生资助政策还帮助贫困家庭的学龄子女实现了高质量脱贫,对我国精准扶贫工作做出了重要贡献。这些努力使得更多的学生有机会接受教育,促进了社会的进步和可持续发展。

(二) 我国现行的高校学生资助政策体系[①]

1. 国家奖学金

(1) 本专科阶段

为了鼓励普通本科高校、高职学校和高等专科学校的学生努力学习,并全面培养他们的道德、智力、体质、审美和劳动等方面的素养,中央政府专门拨款设立了国家奖学金,以奖励那些在校期间表现特别出色的二年级及以上全日制普通高校本专科学生。该奖学金旨在激发学生的学习动力,提供给他们更好的学习条件和发展机会,以鼓励他们在学业上取得卓越成绩,并全面发展个人的各项能力。

① 奖励标准和范围

奖励纳入全国招生计划内的特别优秀的全日制本专科(含高职、第二学士学位)在校生,每年奖励 6 万名,每生每年 8 000 元,颁发国家统一印制的荣誉证书。

② 申请条件

二年级以上(含二年级)的在校生,符合以下条件的,可以申请国家奖学金:

[①] 全国学生资助管理中心网站. http://www.xszz.edu.cn.

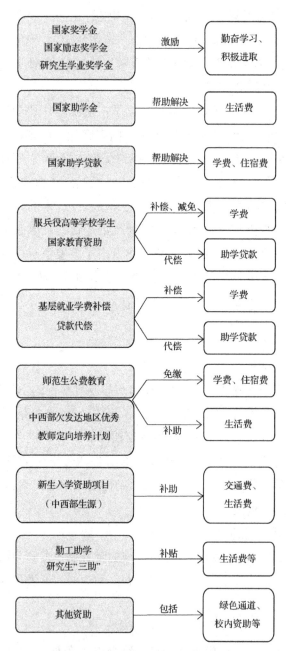

图 1-1-1 我国高校学生资助政策体系

- 热爱祖国,拥护中国共产党的领导;
- 遵守宪法和法律,遵守学校规章制度;

- 诚实守信,道德品质优良;
- 在校期间学习成绩优异,社会实践、创新能力、综合素质等方面特别突出。

如果学生的学习成绩排名和综合考评成绩排名均在前10%以内,那么他们就有资格申请本专科生国家奖学金。对于那些学习成绩排名和综合考评成绩排名在前10%至30%之间的学生,如果他们在其他方面表现非常突出,则也有可能申请到本专科生国家奖学金。但是,这些学生需要提交详细的证明材料,并经过学校审核确认。这些措施旨在激励学生的学习积极性,同时也鼓励他们在其他方面表现优异,以全面发展个人的各项能力。

其他方面表现非常突出指的是在道德风尚、学术研究、学科竞赛、创新发明、社会实践、社会工作、体育竞赛、艺术展演等特定领域表现出色。具体体现在以下几个方面:

在社会主义精神文明建设方面,以积极行动展现出见义勇为、乐于助人、奉献爱心、服务社会、自强不息等品质,在本校、本地区产生重要影响,并在全国范围内产生较大影响,推动形成良好的社会风尚。

在学术研究方面取得显著成果,发表了经过专家鉴定的高水平论文(作为第一作者),或出版了经过专家鉴定的学术专著(作为第一或第二作者)。

在学科竞赛方面表现突出,在国际和全国性专业学科竞赛、课外学术科技竞赛、中国"互联网+"大学生创新创业大赛、全国职业院校技能大赛等比赛中获得一等奖(或金奖)及以上奖项。

在创新发明方面取得显著成就,其科研成果获得省、部级以上奖励,或获得通过专家鉴定的国家发明专利。

在体育竞赛中取得杰出成绩,为国家赢得荣誉。非体育专业学生参加省级及以上体育比赛并获得个人项目前三名或集体项目前两名;高水平运动员参加国际和全国性体育比赛并获得个人项目前三名、集体项目前两名。集体项目中应为主力队员。

在艺术展演方面取得突出成绩,参加全国大学生艺术展演并获得一等奖或二等奖,参加省级艺术展演并获得一等奖;艺术类专业学生参加国际和全国性比赛并获得前三名。集体项目中应担任重要角色。

荣获全国十大杰出青年、中国青年五四奖章、中国大学生年度人物等全国性荣誉称号。

其他被认定为表现非常突出的情况。

需要注意的是,以上是对其他方面表现非常突出的具体描述,还存在其他的优秀表现未尽列举。最终符合奖学金申请条件的评定应依据具体的标准和规定进行。

(2) 研究生阶段

研究生国家奖学金是中央财政拨款设立的,旨在表彰表现突出的全日制研究生。

① 奖励标准

每年,普通高校有 45 000 名在读研究生获得国家奖学金。其中,10 000 名为博士研究生,每位学生每年获得 3 万元的奖励;35 000 名为硕士研究生,每位学生每年获得 2 万元的奖励。

② 申请基本条件

- 具有中华人民共和国国籍;
- 热爱祖国,拥护中国共产党的领导;
- 遵守宪法和法律,遵守高等学校规章制度;
- 诚实守信,道德品质优良;
- 学习成绩优异,科研能力显著,发展潜力突出。

高校结合实际制定研究生国家奖学金评审指标体系,其中道德品质和学习成绩是基本条件。针对学术型研究生,评审标准更加侧重于考察他们在科研创新能力方面的表现以及体现创新能力的科研成果。而对于专业学位研究生,评审标准则更加关注他们在专业实践能力上的表现,以及是否具备适应专业岗位所需的综合素质。这种评审指标体系旨在全面客观地评估研究生的能力和实力,确保奖学金的公正分配。

(3) 近三年奖励情况[①]

2019 年,国家奖学金共有 10.50 万名学生获得奖励,总金额为 14.80 亿元。其中,专科生获得奖励的人数为 1.52 万人,总金额为 1.21 亿元;本科生获得奖励的人数为 4.48 万人,总金额为 3.59 亿元;硕士研究生获得奖励的人数为 3.50 万人,总金额为 7.00 亿元;博士研究生获得奖励的人数为 1.00

---

① 截至 2021 年 7 月,中国学生资助发展报告只公布到 2019 年。

万人,总金额为 3.00 亿元①。2020 年,国家奖学金共有 10.50 万名学生获得奖励,总金额为 14.80 亿元。其中,专科生获得奖励的人数为 1.52 万人,总金额为 1.22 亿元;本科生获得奖励的人数为 4.48 万人,总金额为 3.58 亿元;硕士研究生获得奖励的人数为 3.50 万人,总金额为 7.00 亿元;博士研究生获得奖励的人数为 1.00 万人,总金额为 3.00 亿元。2021 年,国家奖学金共有 10.50 万名学生获得奖励,总金额为 14.80 亿元。其中,专科生获得奖励的人数为 1.63 万人,总金额为 1.30 亿元;本科生获得奖励的人数为 4.37 万人,总金额为 3.50 亿元;硕士研究生获得奖励的人数为 3.50 万人,总金额为 7.00 亿元;博士研究生获得奖励的人数为 1.00 万人,总金额为 3.00 亿元。

2. 国家励志奖学金

为鼓励经济困难的普通本科高校和高等职业学校学生在学习上积极进取,全面提升学生的综合素质和能力,中央和地方政府共同投入资金设立国家励志奖学金。该奖学金旨在奖励并资助品学兼优、家庭经济困难的大学二年级及以上的全日制普通本专科高校在校学生。

(1) 奖励范围和标准

奖励对象是那些在全国招生计划内,并且具备优秀的学业表现、家庭经济困难的全日制本专科在校学生。每位获奖学生每年可以获得 5 000 元的奖学金。全国范围内,每年大约有 3% 的全日制大学在校生能够获得奖学金资助。

(2) 申请基本条件

二年级以上(含二年级)的在校生,符合以下条件的,可以申请国家励志奖学金:

- 热爱祖国,拥护中国共产党的领导;
- 遵守宪法和法律,遵守学校规章制度;
- 诚实守信,道德品质优良;
- 在校期间学习成绩优秀;
- 家庭经济困难,生活俭朴。

---

① 中国学生资助发展报告(2019 年). http://www.xszz.edu.cn/n85/n167/c7531/content.html.

(3) 近三年资助奖励情况

2019 年,国家励志奖学金共有 88.29 万名学生获得奖励,奖励金额总计为 44.13 亿元。其中,专科生获得奖励的人数为 37.43 万人,奖励金额为 18.71 亿元;本科生获得奖励的人数为 50.86 万人,奖励金额为 25.42 亿元[①]。

2020 年,国家励志奖学金共有 94.52 万名学生获得奖励,奖励金额总计为 47.26 亿元。其中,专科生获得奖励的人数为 41.90 万人,奖励金额为 20.95 亿元;本科生获得奖励的人数为 52.62 万人,奖励金额为 26.31 亿元。2021 年,国家励志奖学金共有 102.84 万名学生获得奖励,奖励金额总计为 51.42 亿元。其中,专科生获得奖励的人数为 48.16 万人,奖励金额为 24.08 亿元;本科生获得奖励的人数为 54.68 万人,奖励金额为 27.34 亿元。

3. 研究生学业奖学金

研究生学业奖学金旨在鼓励研究生努力学习、专注科研、勇于创新和积极进取。在全面实施研究生教育收费制度的背景下,该奖学金旨在提供更好的支持,帮助研究生顺利完成学业。通过提供经济奖励和荣誉激励,研究生学业奖学金鼓励研究生投入更多时间和精力来进行学术研究,促进他们的学术成长和科研成果。这些奖学金旨在激发研究生的学术潜力,培养他们成为优秀的科研人才,为国家的科学研究和创新发展做出贡献。

(1) 奖励标准

中央财政提供硕士研究生每生每年 8 000 元、博士研究生每生每年 10 000 元的奖学金资助,同时根据在校学生数的一定比例来进行支持。中央高校根据多种因素来确定研究生学业奖学金的覆盖面、等级、奖励标准和评定办法,包括研究生的收费标准、学业成绩、科研成果、社会服务以及家庭经济状况等。在确定奖励标准时,高校可以设置不同档次,以便适应不同层次研究生的需求。通过这些措施,可以有效激励优秀研究生成长为更为出色的学术人才,提升高等教育的整体水平。

研究生学业奖学金的标准应不超过同阶段研究生国家奖学金标准的 60%。同时,在研究生学业奖学金名额分配时,应向基础学科和国家亟需的学科倾斜。中央高校应根据实际情况,灵活地对研究生学业奖学金的覆盖面、等级和奖励标准进行动态调整。这样可以确保奖学金的合理分配,既充

---

① 中国学生资助发展报告(2019 年). http://www.xszz.edu.cn/n85/n167/c7531/content.html.

分激励和奖励研究生在基础学科和国家重点领域的学术研究,又能根据实际需求来优化奖学金的分配策略,以更好地支持研究生的学习和研究工作。

各省财政、教育部门确定地方财政对本省所属高校研究生学业奖学金的支持力度。

(2) 申请基本条件

- 具有中华人民共和国国籍;
- 热爱祖国,拥护中国共产党的领导;
- 遵守宪法和法律,遵守高等学校规章制度;
- 诚实守信,品学兼优;
- 积极参与科学研究和社会实践。

(3) 近三年资助情况

截至2019年,我国共有157.61万名研究生获得学业奖学金,总金额达到122.22亿元。到2020年,获得学业奖学金的研究生人数增至191.08万人,奖励金额为151.31亿元。而到2021年,研究生学业奖学金的受益人数量继续增加至204.92万人,奖励金额略有下降,为148.81亿元。以上数据反映了我国研究生学业奖学金的发放规模和资助力度逐年增长,以及国家对研究生教育的持续支持与重视。

4. 国家助学金

(1) 本专科阶段

① 资助范围和标准

国家资助纳入全国招生计划的家庭经济困难全日制本专科在校生。每位学生每年可获得平均3 300元的资助,具体标准可分为2～3个档次进行设定。全国范围内,获得资助的家庭经济困难学生约占全国高校在校学生总数的20%。

符合国家规定并经批准设立的普通本科高校、高等职业学校和高等专科学校中,具有中国国籍且家庭经济困难的全日制本专科学生可以获得国家助学金。然而,教育部直属师范院校的公费师范生不享受国家助学金。

② 申请基本条件

- 热爱祖国,拥护中国共产党的领导;
- 遵守宪法和法律,遵守学校规章制度;
- 诚实守信,道德品质优良;

- 勤奋学习,积极上进;
- 家庭经济困难,生活俭朴。

(2) 研究生阶段

① 资助范围

研究生国家助学金是专门用于支持全国范围内的普通高校招收的全日制研究生(除具有固定工资收入的研究生外),以补贴他们的基本生活费用。只有具有中国国籍的研究生才有资格申请获得这一助学金。

② 资助标准

中央高校博士研究生国家助学金的资助标准为每名学生每年15 000元,而硕士研究生国家助学金的资助标准为每名学生每年6 000元。至于地方培养单位的研究生国家助学金资助标准,则由各省财政部门与教育部门共同确定。在这种情况下,博士研究生国家助学金资助标准不得低于每名学生每年13 000元,而硕士研究生国家助学金资助标准不得低于每名学生每年6 000元。

(3) 近三年资助情况

2019年,国家助学金共资助了928.78万名学生,资助金额达到345.28亿元。具体而言,资助对象包括了280万名专科生,资助金额为86.13亿元;382.89万名本科生,资助金额为111.53亿元;以及265.89万名研究生,资助金额为147.62亿元[①]。

2020年,国家助学金共资助了870.94万名学生,资助金额为323.55亿元。具体而言,资助对象包括了285.70万名专科生,资助金额为58.47亿元;371.79万名本科生,资助金额为109.44亿元;以及213.45万名研究生,资助金额为155.64亿元。

2021年,国家助学金共资助了1155.07万名学生,资助金额为460.63亿元。具体而言,资助对象包括了486.48万名专科生,资助金额为160.64亿元;424.19万名本科生,资助金额为118.16亿元;以及244.40万名研究生,资助金额为181.83亿元。

---

① 中国学生资助发展报告(2019年). http://www.xszz.edu.cn/n85/n167/c7531/content.html.

5. 国家助学贷款

（1）资助范围和标准

家庭经济困难的全日制普通本专科生（含高职生）、第二学士学位学生、预科生和研究生。

（2）助学贷款金额和期限

家庭经济困难的学生可以申请国家助学贷款，用于解决学费和住宿费的问题。根据实际情况，学生可以申请适当额度的贷款。全日制普通本专科学生每人每年的贷款额度从不超过8 000元提高到不超过12 000元；全日制研究生每人每年的贷款额度从不超过12 000元提高到不超过16 000元。学生申请的国家助学贷款首先应当用于支付在校期间的学费和住宿费，剩余部分可以用于支付日常生活费。

国家助学贷款分为生源地信用助学贷款和校园地国家助学贷款。同一个学年内，学生只能选择申请其中一种类型的国家助学贷款。

（3）申请基本条件

- 家庭经济困难；
- 具有中华人民共和国国籍，年满16周岁的需持有中华人民共和国居民身份证；
- 具有完全民事行为能力（未成年人申请国家助学贷款须由其法定监护人书面同意）；
- 诚实守信，遵纪守法，无违法违纪行为；
- 学习努力，能够正常完成学业。

（4）近三年贷款发放情况

2019年，全国有474.44万人受益于国家助学贷款，发放总金额为346.07亿元，占高校资助资金总额的26.28%。其中，生源地信用助学贷款发放给了461.08万人，金额为336.51亿元。全国共有652.22万人享受国家助学贷款贴息，财政支付贴息资金为35.16亿元，其中中央财政资金为10.99亿元，地方财政资金为24.17亿元。各级财政支付了50.69亿元的国家助学贷款风险补偿金，其中中央财政资金为31.92亿元，地方财政资金为18.77亿元。

2020年，全国有506.43万人受益于国家助学贷款，发放总金额为378.12亿元，占普通高等教育资助资金总额的30.40%。其中，生源地信用助学贷款发放给了494.17万人，金额为368.51亿元。全国共有800.90万人享受国家助学贷款贴息，财政支付贴息资金为40.17亿元，其中中央财政资金为13.11亿元，地方财政资金为27.06亿元。各级财政支付了50.24亿元的国家助学贷款风险补偿金，其中中央财政资金为29.70亿元，地方财政资金为20.54亿元。

2021年，全国有532.80万人受益于国家助学贷款，发放总金额为430.86亿元，占普通高等教育资助资金总额的29.71%。其中，生源地信用助学贷款发放给了520.79万人，金额为421.33亿元。全国共有767.97万人享受国家助学贷款贴息，财政支付贴息资金为39.14亿元，其中中央财政资金为12.57亿元，地方财政资金为26.57亿元。各级财政支付了24.54亿元的国家助学贷款风险补偿金，其中中央财政资金为15.53亿元，地方财政资金为9.01亿元。

6. 服兵役高等学校学生国家教育资助

对于完成征兵服役、成为士官、退役后复学或入学的高等学校学生，可以采取以下措施来支持他们：学费补偿、国家助学贷款代偿和学费减免。学费补偿或国家助学贷款代偿的金额，根据学生实际缴纳的学费和获得的国家助学贷款（包括本金和利息）中金额较高的那一项执行。而复学或新生入学后的学费减免金额，则根据高等学校实际收取的学费金额来执行。

（1）高校学生应征入伍服兵役国家资助（含直招士官）

为了支持应征入伍服兵役的高校学生，国家提供了资助。根据数据显示，在2019年，全国共有21.34万名高校学生享受到了国家的资助，总金额为28.66亿元。其中，专科生受益人数为13.67万人，获得资助金额为16.77亿元；本科生受益人数为7.64万人，获得资助金额为11.86亿元；而研究生方面，有334名学生获得了资助金额为334万元的支持。2020年，全国享受国家资助的全日制高校学生士兵（含直招士官）21.34万人，资助金额33.54亿元。2021年，全国享受国家资助的全日制高校学生士兵（含直招士官）26.59万人，资助金额46.49亿元。这些资助措施旨在鼓励和支持高校学生履行兵役义务。

（2）退役士兵学费资助

从2019年秋季学期开始，通过全国统一高考或高职分类招考方式考入普通高等学校的全日制在校自主就业退役士兵学生享受学费减免政策，减免金额最高不超过规定标准。此外，所有全日制在校的退役士兵学生都有权获得本专科生国家助学金的支持。这些措施是为了全面支持退役士兵的教育培训,并帮助他们顺利完成学业。

2019年,共有7.24万名退役士兵考入普通高校并享受到学费资助,总金额为4.34亿元。其中,资助的专科生有7.09万人,资助金额为4.25亿元;资助的本科生有0.14万人,资助金额为0.08亿元;而研究生方面,则有100名学生获得了资助金额为100万元的支持。

2020年,共有16.76万名退役士兵考入普通高校并享受到学费资助,总资助金额达到10.79亿元。而在2021年,退役士兵考入普通高校的人数增加至59.34万人,资助金额也相应提升至54.19亿元[①]。

7. 基层就业学费补偿贷款代偿

为了鼓励高校毕业生到中西部地区和艰苦边远地区的县以下基层单位就业,国家采取了一系列激励政策。对于中央部属高校的应届毕业生来说,如果他们在这些地区基层单位就业,并且在岗位工作满3年,国家将为他们补偿学费。此外,国家还承担在校期间的国家助学贷款本金以及其产生的利息全部偿还的责任。而对于地方高校的毕业生,赴基层就业学费补偿贷款代偿政策则由各省份自行确定。这些政策的目的是引导和支持高校毕业生投身于中西部地区和艰苦边远地区的基层工作,促进地区发展和人才流动。

(1) 补偿代偿标准

每位毕业生每学年可以获得国家的学费补偿或代偿国家助学贷款,补偿金额根据学历不同而有所区别。本科生的最高补偿金额为8 000元,研究生的最高补偿金额为12 000元。如果在校期间每年实际缴纳的学费或获得的国家助学贷款低于8 000元或12 000元,那么补偿金额将按照实际缴纳的学费或获得的国家助学贷款进行补偿代偿。如果每年实际缴纳的学费或获得的国家助学贷款超过8 000元或12 000元,则补偿金额将按照最高标准进行补偿代偿。学费补偿或国家助学贷款代偿的年限根据相应的学制规定计算。

(2) 申请基本条件

高校毕业生指的是中央部门所属普通高校(包括全日制本科、专科(含高职)、研究生和第二学士学位)的应届毕业生,但不包括定向、委培生以及在校期间享受免除全部学费的学生。如果符合以下条件,他们可以申请学

---

① 2021年,有关部门对退役士兵学费减免政策进行调整,调整后政策自2019年秋季学期起实施,该项数据包含2019年和2020年追加资金。

费补偿和国家助学贷款代偿：

必须拥护中国共产党的领导、热爱祖国，并遵守宪法和法律；

在校期间必须遵守学校的各项规章制度，表现诚实守信，道德品质良好，并取得合格的学习成绩；

毕业时自愿选择到中西部地区和艰苦边远地区的基层单位工作，并且服务期限要达到3年及以上。

（3）近三年资助情况

2019年，全国有7.16万名高校毕业生到基层就业并享受了学费补偿和贷款代偿，共计资助金额6.30亿元。其中，专科生人数为0.50万人，资助金额为0.47亿元；本科生人数为5.99万人，资助金额为5.14亿元；研究生人数为0.67万人，资助金额为0.69亿元。

2020年，全国有8.36万名高校毕业生到基层就业并享受了学费补偿和贷款代偿，共计资助金额8.78亿元。其中，专科生人数为0.73万人，资助金额为0.44亿元；本科生人数为6.13万人，资助金额为6.80亿元；研究生人数为1.50万人，资助金额为1.54亿元。

2021年，全国共有7.37万名高校毕业生到基层就业并享受了学费补偿和国家助学贷款代偿，共计资助金额8.01亿元。其中，专科生人数为1.27万人，资助金额为0.86亿元；本科生人数为5.31万人，资助金额为6.13亿元；研究生人数为0.79万人，资助金额为1.02亿元。

8. 师范生公费教育 中西部欠发达地区优秀教师定向培养计划

在北京师范大学等六所教育部直属师范大学就读的公费师范生以及中西部欠发达地区的优秀教师定向培养计划师范生，在校期间无需支付学费和住宿费，并且可以获得生活费补助。对于有志从教并符合条件的非师范专业的优秀学生，入学两年内可以按规定转入公费师范专业，高校将退还已缴纳的学费和住宿费，并提供生活费补助。此外，一些省份也实施了地方师范生公费教育政策，并且中西部省份的地方师范院校也开展了地方优秀教师计划师范生的培养计划。

2019年，中央部属的六所师范大学资助了2.92万名本科师范生，共计资助金额为4.03亿元。2020年，这六所师范大学继续资助了2.92万名本科师范生，资助金额增至4.23亿元。2021年，六所师范大学资助的本科师范生达到3.06万名，总资助金额达到4.42亿元。

9. 新生入学资助项目

对于家庭经济特别困难的中西部地区生源的新生,他们可以申请入学资助项目,用来补贴入学时的交通费用和短期的生活费用。

2019 年,共有 16.03 万名大学新生获得入学资助,资助金额为 1.00 亿元。其中,5.91 万名专科生获得了资助,资助金额为 0.34 亿元;10.12 万名本科生获得了资助,资助金额为 0.66 亿元。

2020 年,共有 18.93 万名大学新生获得入学资助,资助金额为 1.20 亿元。

2021 年,大学新生获得入学资助的人数和金额继续增加,共有 31.80 万名新生获得入学资助,资助金额增至 2.00 亿元。

10. 勤工助学和研究生"三助"

在学生具备足够学习能力的前提下,他们可以利用课余时间参与高校组织的勤工助学活动。通过参与劳动,他们可以获得合法的报酬,从而改善他们的学习和生活条件等方面的需求。

（1）勤工助学

2019 年,普通高校学生积极参与勤工助学的人次达到了 411.34 万次,共获得资助金额 34.50 亿元。其中,专科生参与勤工助学的人次为 98.01 万次,资助金额为 7.94 亿元;本科生参与勤工助学的人次为 284.08 万次,资助金额为 17.81 亿元;研究生参与勤工助学的人次为 29.25 万次,资助金额为 8.75 亿元。

2020 年,普通高等教育学生的勤工助学参与人次降至 105.73 万次,资助金额为 8.55 亿元。其中,专科生参与勤工助学的人次为 22.85 万次,资助金额为 1.91 亿元;本科生参与勤工助学的人次为 79.75 万次,资助金额为 6.10 亿元;研究生参与勤工助学的人次为 3.13 万次,资助金额为 0.54 亿元。

2021 年,普通高等教育学生继续积极参与勤工助学,人次达到 126.91 万次,资助金额增至 13.72 亿元。其中,专科生参与勤工助学的人次为 27.43 万次,资助金额为 3.06 亿元;本科生参与勤工助学的人次为 95.73 万次,资助金额为 9.79 亿元;研究生参与勤工助学的人次为 3.75 万次,资助金额为 0.87 亿元。

（2）研究生"三助"岗位

对于研究生而言,他们有机会申请并获得"三助"岗位,以获得"三助"津贴的资助。2019 年,共有 185.14 万研究生获得了"三助"岗位津贴的资助,资助金额达到了 67.86 亿元。2020 年,共有 41.12 万研究生获得了"三助"岗位津贴的资助,资助金额为 25.65 亿元。2021 年,共有 48.90 万研究生获得了"三助"岗位津贴的资助,资助金额为 29.35 亿元。

11. 绿色通道

对于特别贫困的新生来说,如果暂时无法凑够学费和住宿费,他们可以在开学报到时通过"绿色通道"先行办理入学手续。一旦入学,高校的资助部门会根据学生的情况进行困难认定,并给予相应的帮助。

2020 年秋季学期,有 54.76 万名家庭经济困难学生通过了"绿色通道"入学。到了 2021 年秋季学期,有高达 144.08 万名家庭经济困难学生通过了"绿色通道"入学。

12. 校内资助

学校通过利用事业收入资金以及企业、社会团体和个人的捐助资金,设立了多种资助项目,包括校内奖助学金、困难补助、伙食补贴、校内无息借款、学费减免等。这些校内资助项目旨在帮助学生解决经济困难问题。

（1）特殊困难补助

2019 年,共有 188.56 万人次获得特殊困难补助,资助金额为 13.25 亿元。其中,专科生获得补助的有 48.85 万人次,补助金额为 9.80 亿元;本科生获得补助的有 130.01 万人次,补助金额为 2.83 亿元;研究生获得补助的有 9.70 万人次,补助金额为 0.62 亿元。

2020 年,共有 572.29 万人次获得特殊困难补助,补助金额为 28.09 亿元。其中,专科生获得补助的有 197.61 万人次,补助金额为 12.53 亿元;本科生获得补助的有 339.71 万人次,补助金额为 14.33 亿元;研究生获得补助的有 34.97 万人次,补助金额为 1.23 亿元。

2021 年,共有 387.08 万人次获得特殊困难补助,补助金额为 5.64 亿元。其中,专科生获得补助的有 133.66 万人次,补助金额为 2.52 亿元;本科生获得补助的有 229.77 万人次,补助金额为 2.88 亿元;研究生获得补助的有 23.65 万人次,补助金额为 0.24 亿元。

（2）伙食补贴

2019 年,共有 791.23 万人次获得伙食补贴,资助金额为 15.64 亿元。其中,专科生获得补贴的有 220.13 万人次,资助金额为 3.59 亿元;本科生获得补贴的有 524.65 万人次,资助金额为 11.32 亿元;研究生获得补贴的有

46.45万人次,资助金额为0.73亿元。

2020年,共有97.92万人次获得伙食补贴,资助金额为1.95亿元。其中,专科生获得补贴的有15.81万人次,资助金额为0.37亿元;本科生获得补贴的有78.48万人次,资助金额为1.55亿元;研究生获得补贴的有3.63万人次,资助金额为0.03亿元。

2021年,共有86.33万人次获得伙食补贴,资助金额为2.20亿元。其中,专科生获得补贴的有13.94万人次,资助金额为0.42亿元;本科生获得补贴的有69.19万人次,资助金额为1.75亿元;研究生获得补贴的有3.20万人次,资助金额为0.03亿元。

(3) 学费减免资助

2019年,学费减免资助25.49万人次,减免金额8.37亿元。其中,专科生13.24万人次,减免金额3.81亿元;本科生11.75万人次,减免金额4.25亿元;研究生0.50万人次,减免金额0.31亿元。

2020年,学费减免资助22.72万人次,减免金额13.11亿元。其中,专科生12.66万人次,减免金额7.13亿元;本科生9.87万人次,减免金额5.76亿元;研究生0.19万人次,减免金额0.22亿元。

2021年,学费减免资助30.83万人次,减免金额13.98亿元。其中,专科生17.18万人次,减免金额7.60亿元;本科生13.39万人次,减免金额6.14亿元;研究生0.26万人次,减免金额0.24亿元。

(4) 校内无息借款资助

2019年,共有4.09万人次获得校内无息借款资助,借款金额为3.04亿元。其中,专科生获得借款资助的有1.68万人次,借款金额为1.06亿元;本科生获得借款资助的有2.38万人次,借款金额为1.95亿元;研究生获得借款资助的有300人次,借款金额为273.46万元。

2020年,共有1.49万人次获得校内无息借款资助,资助金额为0.96亿元。其中,专科生获得借款资助的有0.22万人次,资助金额为0.18亿元;本科生获得借款资助的有1.24万人次,资助金额为0.76亿元;研究生获得借款资助的有0.03万人次,资助金额为0.02亿元。

2021年,共有1.44万人次获得校内无息借款资助,资助金额为0.83亿元。其中,专科生获得借款资助的有0.21万人次,资助金额为0.16亿元;本科生获得借款资助的有1.20万人次,资助金额为0.66亿元;研究生获得借款资助的有0.03万人次,资助金额为0.01亿元。

第二节 国外高校学生资助的经验

一、国外高校学生资助概况

（一）资助模式和方法

国际主流的高等教育资助模式包括：① 以英国早期大学教育为代表的"免学费＋助学金"的资助模式；② 以日本为代表的"收学费＋贷学金"的资助模式；③ 以美国为代表的混合资助模式[①]。目前，大多数国家实行混合资助模式。

伍德霍尔（Woodhall）提出，各国的高校学生资助方法主要包括资助或奖励家庭经济困难学生、奖励学业成绩优秀学生、设立专业奖学金或者定向奖学金、提供企业赞助金、提供低息或无息贷款、提供就业机会、提供食宿或交通优惠、减免学生或其家长的税收等方面[②]。

张民选则将高校学生资助方法归结为 3 个层次、15 大类，包括奖学金、助学金、贷学金、勤工俭学、减免学费等 8 种直接资助方法，以及提供住宿补助、餐食补贴等 7 种间接资助方法[③]。

（二）英国的高校学生资助政策[④]

20 世纪初，英国实施"免学费＋助学金"的资助制度。但随着经济危机的到来，政府一方面难以继续承担全额免学费，社会上也对这种政策提出批评。1990 年，英国的大学开始收学费，并对家庭经济困难学生实行"贷款＋补助"的资助政策，通过税收系统或国民社会保障系统确保贷款回收。助学

---

① 徐薇.高校教育资助的国际经验及启示：对英美日 3 国的比较分析[J].科教导刊,2018(17):13-14.
② M. Woodhall. Financial aid: Student[M]//B. R. Clark, G. R. Neave. The encyclopedia of higher education// Oxford: Pergamon Press,1992:1358-1367.
③ 张民选.理想与抉择：大学生资助政策的国际比较[M].北京：人民教育出版社,1997.
④ 谢泳雯.中英高等教育学生资助政策比较研究[D].桂林：广西师范大学,2019.

贷款、助学金、奖学金和勤工助学等形成了混合型的大学生资助系统。

1. 资助的主体和对象

英国大学生的资助主要由学生贷款公司(Student Loans Company)负责。学生贷款公司成立于1989年,是非营利性的政府机构,代表英国政府以及北爱尔兰等地区政府,为英国大学生提供贷款和助学金。该公司的主要职能有:及时向学生给与助学金和助学贷款;确保学生的学费贷款能按时支付给相关学校或机构;负责监督学生贷款还款。英国学生贷款公司与英格兰、苏格兰、威尔士等地区的教育部门都建立了合作关系[①]。

在英国,学生可以申请贷款来支付学费和生活费用。如果学生育有子女、患有残疾或需要赡养老人,或者是学习医学、社会工作以及教师培训课程,都可以获得资助。所有大学生都可以申请学费贷款。全日制的学生还可以申请生活费贷款、助学金等其他资助。

2. 资助方式

(1) 助学贷款

在英国,大学生资助以助学贷款为主。助学贷款,即学生通过向国家贷款的方式,来支付学费以及生活费,毕业后偿还贷款。助学贷款的存在,既解决了学生的经济困难问题,又避免了国家财政承担过多经济压力。学生偿还贷款的金额根据学生的月收入而定,是一项颇为人性化的政策。助学贷款包括学费贷款和生活费贷款两种。

① 学费贷款

英国的高等教育费用比较高昂,学费贷款让学生可以做到"先上学后付费"。全日制学生的学费贷款中,公立大学的学生最多可以贷款9 250英镑/年,私立大学的学生最多可以贷款4 160英镑/年,具体贷款数额由学费而定。学生贷款额度上限也会随着学费的变化更新[②]。然而,非全日制学生只有在完成的课程量达到全日制学生全年总课程量的25%时才有资格申请学费贷款。

---

① About us (Student Loans Company). https://www.gov.uk/government/organisations/student-loans-company/about.

② Student finance for undergraduates. https://www.gov.uk/student-finance.

② 生活费贷款

生活费贷款用于支付学生的生活费用,学生生活费贷款的数额取决于其家庭收入、所在地区等方面。一般来说,只有全日制学生才可以申请生活费贷款。但是,如果非全日制学生学习了牙科保健等学位课程,也可以申请生活费贷款。生活费贷款也是学生毕业之后开始偿还。

在申请生活费贷款时,需要对家庭收入进行审核。家庭收入包括纳税年度的劳动收入和非劳动收入。此外,在申请生活补助金、特别补助金、育儿津贴、家长学习津贴、赡养成人补助金的时候,也需要审核家庭收入。英国税务海关总署会进行资料审核(包括家庭收入、家庭所在地区、学校所在地区、入学时间等证明材料)工作,并确定学生的生活费贷款额度。

③ 偿还贷款

英国税务海关总署监督学生还款。学生每年还款金额依据学生收入水平确定。只有学生的收入超过了一定的标准,才需要偿还贷款,还款的金额按照超过还款标准的9%计算,利息从学生偿还第一笔贷款时计算。如果学生毕业30年后贷款还没有还清,英国政府将会清零剩余的贷款。

(2) 助学金

① 生活补助金

在英国,大学生助学金主要指生活补助金,只面向全日制学生。

生活补助金以资助学生的生活开销为主,根据学生家庭收入确定补助金额,生活补助金在每学期初会存入学生的账户,不需要学生偿还。学生收到生活补助金会减少生活费贷款的额度。

② 特殊补助金

与生活补助金一样,特殊补助金只面向全日制学生。学生如果满足患有残疾、丧失工作能力、单身并负担20岁以下的子女教育等条件之一,可以申请特殊补助金[①]。

(3) 其他资助

除了助学贷款和助学金以外,英国政府还会对困难学生提供一些其他

---

① Student Finance England. Student finance-How you're assessed and paid 2019/20. http://media.slc.co.uk/sfe/1920/ft/sfe_how_you_are_assessed_and_paid_guide_1920_o.pdf, 2019 - 2 - 10.

资助,包括残疾人津贴、赡养成年人补助金、育儿津贴、家长学习津贴、旅费补助等项目。

① 残疾人津贴

对残疾学生进行资助,长期的身体疾病、心理疾病或特定的学习困难都在资助范围内。残疾学生可在学生资助基础上申请残疾人津贴,并且不用偿还。申请的额度取决于需要程度而非家庭收入。

残疾人津贴主要包括专业设备津贴、非医疗辅助津贴、一般津贴、交通津贴等。专业设备津贴,用来资助学生因疾病、残疾、精神问题等影响正常生活和学习而需要的设备费。非医疗辅助津贴,用来资助学生因残疾、疾病需要请护理人员的一系列费用。一般津贴,用来资助残疾学生的学习用具等费用。交通津贴指学生因残疾而往返学校的额外交通费。

② 赡养成年人补助金

需要赡养成年人的英国全日制大学生可以申请赡养成年人补助金,不同学年的补助额度不同。这里所赡养的成年人一般指学生的配偶、父母等。能申请到的金额取决于学生个人情况、家庭收入、已经申请到的其他补助等情况。该项补助金不需要偿还。

③ 育儿津贴

英国全日制大学生如果育有年龄在15周岁以下子女,可以申请育儿津贴。育儿津贴无需偿还。申请额度取决于学生家庭经济收入和子女数量。学生可获得育儿费用的85%的津贴,但该津贴额度有上限。

④ 家长学习津贴

家长学习津贴是针对全日制大学生的子女的学习费发放的津贴。家长学习津贴无需偿还。申请金额取决于学生的家庭经济收入,该津贴额度也有上限。

⑤ 交通补助

交通补助主要对永久居住在英格兰的大学生因为出国留学或实习所产生的交通费用进行补贴。

(三) 美国的高校学生资助

美国的高校学生资助机构分为联邦政府、州政府和高等学校三级。助学金、奖学金、半工半读和贷学金,是美国资助体系的支柱。有一半以上的大学生都曾接受过学生资助。美国每年的学生资助经费高达数百亿美元。

美国教育部高等教育办公室将建立数据信息系统的工作委托给中介机构"美国教育部联邦学生资助中心",从而在全国范围内统一管理学生资助工作。对于一些政策咨询、疑问解答以及指导申请材料填报等需要人工服务的工作,则外包给了电讯公司。

各州的地方高校学生资助中心负责学生资助政策的贯彻落实。美国的学生贷款资助计划庞大,贷学金经费来源渠道多,贷款种类多样,具有较为有效的运行机制和相对完善的贷款偿还机制。贷学金的归还期限一般为10年,具有安排灵活和约束力强的特点。现在,美国高校助学贷款的还款率高达85%,是助学贷款还贷率较高的国家之一。

(四)日本的高校学生资助

二战后,日本公立大学放弃了低学费的政策。与此同时,政府开始控制高等教育规模,这导致了教育供给不足,私立大学的学费水涨船高。公立教育资源的短缺使得日本很多学生就读私立大学,私立大学的资助水平较低。

日本最主要的学生资助政策是贷学金,包括无利息贷学金和有利息贷学金两种。然而,每年只有大约20%的学生可以申请到贷学金。此外,日本还有减免学费和奖助学金政策,虽然这两项政策普及程度很高,但贫困学生获取比例和金额并不高。还有一些高校单独设立了奖学金,普及程度和金额也比较低。整体而言,日本的资助体系相对薄弱,资助率和资助金额都明显不足。

但是,"日本学生支援机构"设立了贷款免还、缓还制度。该制度旨在减免成绩优异的研究生的贷款,对毕业后从事教育或研究工作的学生贷款免于偿还,对因升学、失业或疾病等暂时无力偿还贷款的,给予延缓期限。

二、典型国家的高校学生资助体系比较分析

在教育公平等理念的指导下,各国积极探索如何提高大学生资助的精准化水平,主要包括以下几个方面[①]。

---

① 高翠萍.基于共享理念的高校精准资助体系国际比较及借鉴[J].赤峰学院学报(汉文哲学社会科学版),2021,42(2):54-58.

(一) 大学生资助资金来源的管理

随着经济社会的发展,大学生资助体系的资金来源越来越多元化。实际上,资助资金容易集中在少数家庭特别困难的学生和学习成绩优异的学生,资助资金的覆盖面难以得到保障。美国、日本、法国等国通过不同的资金管理办法,较好地解决了这个问题。

美国采取资助包的方式进行资金管理。资助包,是统筹了全部资助项目,在进行科学评估的基础上,提供与学生承受能力和经济需求相匹配的资助项目。这既能促进教育机会公平地实现,又体现了"教育成本分担"的原则[①]。

日本大学生资助的资金以中央政府财政资金为主,形式以助学贷款为主,并与奖助学金相互补充。日本助学贷款中无息贷款比例较高,受助学生毕业后满足特定条件还可以获得全额或部分的免除还贷[②]。

法国的研究生资助由大学生事务管理中心统一管理,直接发放给学生个人。助学贷款由国家担保,确保了家庭经济困难学生较为容易地获得贷款[③]。

20世纪80年代,由于大学生数量的增长和经济衰退,澳大利亚设计了本科生教育供款计划和研究生教育贷款计划,贷款资金由政府统一拨付,学生毕业后根据收入水平还贷[④]。

(二) 资助需求评价体系

家庭经济困难学生的资助需求评价制度一直制约着我国高校资助体系的精准化水平。英国等国已经建立了规范程度较高、可操作较强的申请人评估制度,值得借鉴。

英国研究生资助体系的特点是"先评价,后资助"。首先对申请人的住宿条件、居住区域、家庭年收入等信息进行评估,然后发放相应的助学贷款和生活补贴。在发放学业资助金之前,还要对申请人的学业情况和研究项目进行评估[⑤]。

---

① 赵立卫.美国大学生资助的"资助包"制度[J].比较教育研究,2005,27(2):55-56.
② 徐国兴.日本义务后教育阶段学生资助制度研究[J].教育与经济,2010(2):71.
③ 衣萌,王腾飞,牟晖,等.发达国家研究生收费制度与资助体系比较研究[J].学位与研究生教育,2014(5):62-66.
④ 葛盈辉,朱之平.澳大利亚大学生资助政策及其变革[J].比较教育研究,2006(6):46.
⑤ 衣萌,王腾飞,牟晖,等.发达国家研究生收费制度与资助体系比较研究[J].学位与研究生教育,2014(5):64.

美国的资助包政策以规范的评估制度为前提。评估内容包括学生的求学成本和家庭情况。美国大学委员会负责测算不同地区和不同院校的求学成本、不同地区的家庭情况参考指标并公布。受助学生需要及时报告接受其他资助的情况,学校据此对资助金额进行动态调整[①]。

1974年起,澳大利亚废除了按学业成绩发放奖学金的做法,改为实施高等教育资助计划。该计划要求在向大学生提供生活津贴前,对学生家庭经济状况进行调查,符合条件者获得相应的津贴。这一计划能够显著提高资助的精准化程度[②]。

(三) 专项资助计划

除了普适的资助项目外,国家可以对特定弱势群体、欠发达地区建立专项的资助计划。如,澳大利亚设有"联邦教育成本奖学金"和"联邦住宿奖学金",除要求申请人成绩优秀外,前者倾向于低收入家庭和土著学生,后者关注于偏远地区学生的住宿费[③]。印度针对"表列种姓"和"表列部落"的学生也设计了相似的资助政策。

俄罗斯、智利、哥伦比亚等国则采用"钱随人走"的教育券资助方式。政府按照某些规则向学生发放教育券,学生可以自主选择教育机构并以教育券抵扣学费,教育机构凭券向政府部门兑换现金。这一形式较好地实现了资助资金的优化配置[④]。这与我国的奖助学金按照固定比例分配的做法有着显著不同。实际上,家庭困难学生的分布具有一定的随机性,以固定比例分配助学金指标的方式难以实现学生资助的公平性。

(四) 严格的助学贷款追偿和减免系统

为避免助学贷款的过度申请,各国都重视大学生毕业后的助学贷款的追偿。常见的做法是与个人信用挂钩,利用税收系统予以追偿。与此同时,针对还款确实存在困难的毕业生,实行延期还款和部分减免政策的也颇为普遍[⑤]。

---

① 赵立卫.美国大学生资助的"资助包"制度[J].比较教育研究,2005(2):55.
② 葛盈辉,朱之平.澳大利亚大学生资助政策及其变革[J].比较教育研究,2006(6):48.
③ 葛盈辉,朱之平.澳大利亚大学生资助政策及其变革[J].比较教育研究,2006(6):48.
④ 李发昇,聂建勇,陈如欢,等.国内外高等教育资助制度比较研究[J].教育财会研究,2011(6):30-41.
⑤ 李发昇,聂建勇,陈如欢,等.国内外高等教育资助制度比较研究[J].教育财会研究,2011(6):37.

第三节 我国高校学生资助的成效

国务院于2007年印发了《关于建立健全普通本科高校、高等职业学校和中等职业学校家庭经济困难学生资助政策体系的意见》(国发〔2007〕13号),第一次对我国的学生资助制度进行了全面系统的规划和设计,在我国学生资助发展史上具有里程碑式的意义,也开启了我国学生资助事业的新篇章。十多年过去了,我国高校资助工作取得了哪些辉煌的成果呢?

一、资金投入情况[①]

2007年至2021年,全国普通高校学生资助资金共计11 720.56亿元。资助金额从2007年的271.12亿元,增加至2021年的1 450.4亿元,增长了4.35倍,年均增幅29%(图1-3-1)。

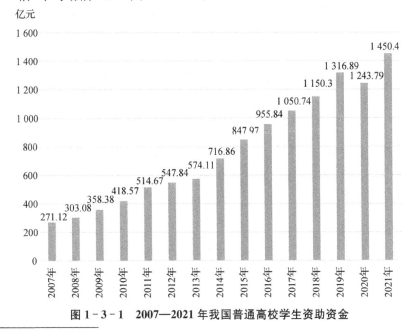

图1-3-1　2007—2021年我国普通高校学生资助资金

---

① 该部分数据整理自全国学生资助管理中心网站。

其中,财政资金 5 863.5 亿元,占 50.03%;国家助学贷款 3 202.35 亿元,占 27.32%;学校和社会资助资金共计 2 654.71 亿元,占 22.65%。

(1) 奖学金

2007 年至 2021 年,全国普通高校各类奖学金共计 2 545.56 亿元,占普通高校资助总额的 21.72%。资助金额从 2007 年的 66.12 亿元,增加至 2021 年的 260.58 亿元,增长了 2.94 倍,年均增幅 19.60%(图 1-3-2)。

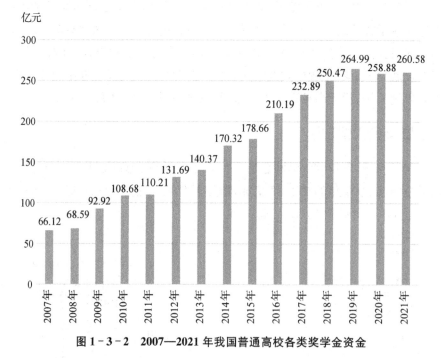

图 1-3-2　2007—2021 年我国普通高校各类奖学金资金

其中,本专科生国家奖学金共计 62.40 亿元,研究生国家奖学金共计 100.00 亿元,本专科生国家励志奖学金共计 558.58 亿元,研究生学业奖学金共计 860.96 亿元。

(2) 助学金

2007 年至 2021 年,全国普通高校各类助学金共计 3 536.22 亿元,占普通高校资助总额的 30.17%。资助金额从 2007 年的 64.68 亿元,增加至 2021 年的 485.57 亿元,增长了 6.50 倍,年均增幅 43.38%(图 1-3-3)。

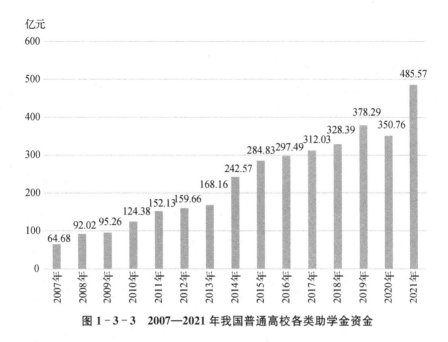

图1-3-3 2007—2021年我国普通高校各类助学金资金

其中,本专科生国家助学金共计2 132.95亿元,研究生国家助学金共计1 003.18亿元。

(3) 国家助学贷款

2007年至2021年,全国累计发放国家助学贷款3 202.35亿元,占普通高校资助总额的27.32%。

(4) 高校学生应征入伍服兵役国家资助(含直招士官)

2009年至2021年,全国普通高校学生应征入伍服兵役国家资助金额221.24亿元(图1-3-4)。

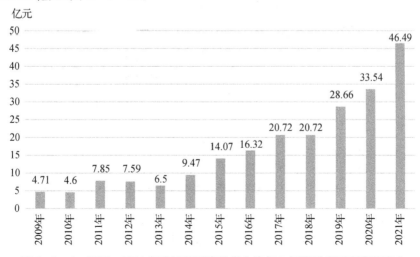

图1-3-4 2009—2021年我国普通高校学生应征入伍服兵役国家资助资金

(5) 高校学生基层就业学费补偿贷款代偿

2007年至2021年,全国普通高校学生基层就业学费补偿贷款代偿资助金额75.46亿元(图1-3-5)。

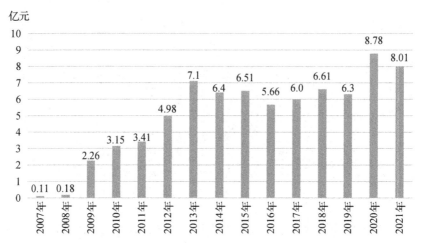

图 1-3-5　2007—2021年我国普通高校学生基层就业学费补偿贷款代偿资助资金

(6) 师范生免费与补助

2007年至2021年,中央部属六所师范院校及部分地方师范院校师范生免费与补助政策资助金额72.47亿元(图1-3-6)。

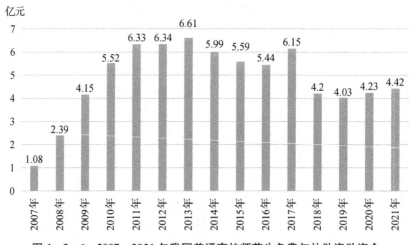

图 1-3-6　2007—2021年我国普通高校师范生免费与补助资助资金

(7) 退役士兵学费资助

2012年至2021年,全国普通高校退役士兵学费资助金额72.06亿元

(图1-3-7)。

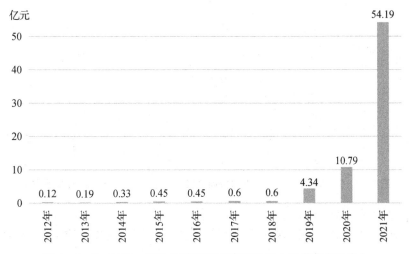

图1-3-7 2012—2021年我国普通高校退役士兵学费资助资金

(8)大学新生入学资助

2012年至2021年,全国普通高校大学新生入学资助金额11.52亿元(图1-3-8)。

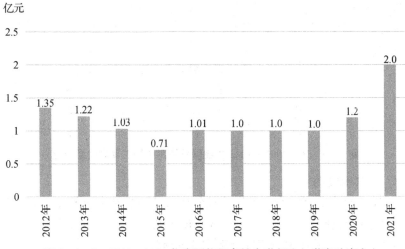

图1-3-8 2012—2021年我国普通高校大学新生入学资助资金

(9)研究生"三助"岗位津贴

2014年至2021年,全国普通高校研究生"三助"岗位津贴资助金额349.39亿元(图1-3-9)。

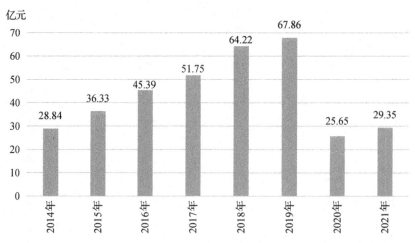

图 1-3-9　2014—2021 年我国普通高校研究生"三助"岗位津贴资助资金

(10) 勤工助学

2007 年至 2021 年,全国普通高校学生勤工助学资助金额 306.08 亿元 (图 1-3-10)。

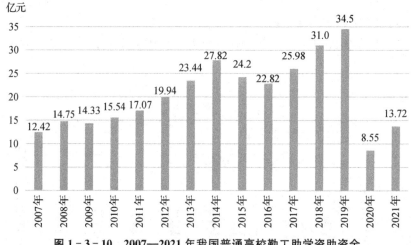

图 1-3-10　2007—2021 年我国普通高校勤工助学资助资金

(11) 其他资助

2007 年至 2021 年,全国普通高校学生特殊困难补助金额 138.59 亿元,伙食补贴资助金额 237.43 亿元,学费减免金额 141.88 亿元,校内无息借款金额 47.29 亿元,其他项目资助金额 286.99 亿元。

二、资助学生覆盖面

2007 年至 2021 年,政府、高校及社会设立的各类资助共资助全国普通高等学校学生 60 081.71 万人次。资助人数从 2007 年的 2 703.94 万人次,增长至 2021 年的 3 925.77 万人次,增长了 45.19%,年均增幅 3.01%(图 1-3-11)。

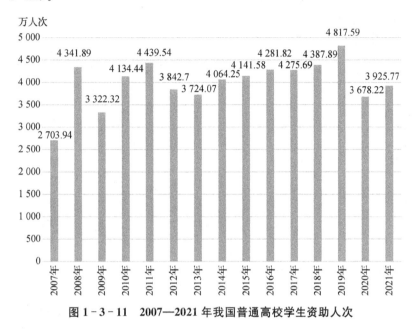

图 1-3-11 2007—2021 年我国普通高校学生资助人次

(1) 奖学金

2007 年至 2021 年,各类奖学金共奖励全国普通高校学生 11 386.05 万人次(图 1-3-12)。

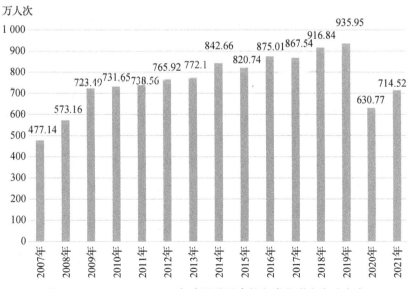

图 1-3-12 2007—2021 年我国普通高校各类奖学金资助人次

其中,国家奖学金共奖励本专科生78万人次,奖励研究生45万人次,国家励志奖学金奖励本专科生1 117.16万人次,研究生学业奖学金奖励研究生1 148.89万人次。

(2) 助学金

2007年至2021年,各类助学金共资助全国普通高校学生12 883.89万人次(图1-3-13)。

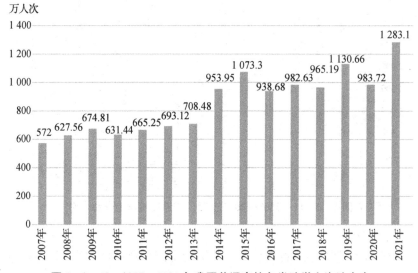

图1-3-13 2007—2021年我国普通高校各类助学金资助人次

其中,国家助学金资助本专科生8 132.78万人次,资助研究生1 835.76万人次。

(3) 国家助学贷款

2007年至2021年,全国向普通高校学生发放国家助学贷款4 776.33万人次。发放人数从2007年的141.2万人次,增长至2021年的532.8万人次,增长了2.77倍,年均增幅18.49%(图1-3-14)。

(4) 高校学生应征入伍服兵役国家资助(含直招士官)

2009年至2021年,享受应征入伍服兵役国家资助的高校学生共计155.25万人次(图1-3-15)。

(5) 高校学生基层就业学费补偿贷款代偿

2007年至2021年,享受基层就业学费补偿贷款代偿的高校学生共计74.52万人次(图1-3-16)。

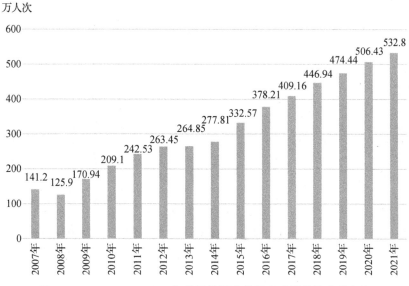

图1-3-14 2007—2021年我国普通高校国家助学贷款发放人次

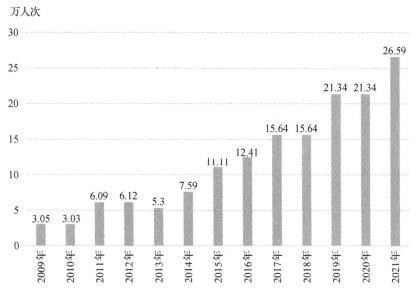

图1-3-15 2009—2021年我国普通高校学生应征入伍服兵役国家资助人次

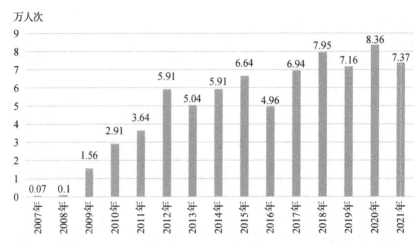

图1-3-16　2007—2021年我国普通高校学生基层就业学费补偿贷款代偿人次

（6）师范生免费与补助

2007年至2021年，享受师范生免费与补助政策的中央部属六所师范院校及部分地方师范院校学生共计73.16万人次（图1-3-17）。

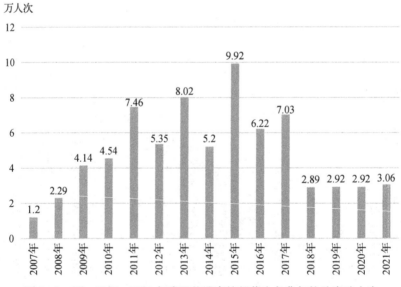

图1-3-17　2007—2021年我国普通高校师范生免费与补助资助人次

（7）退役士兵学费资助

2012年至2021年，享受退役士兵学费资助的高校学生共计88.39万人次(图1-3-18)。

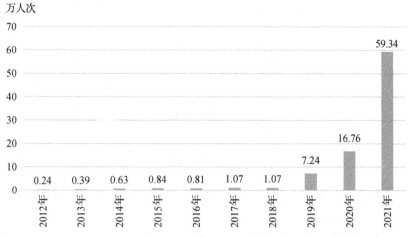

图1-3-18 2012—2021年我国普通高校退役士兵学费资助人次

(8) 大学新生入学资助

2012年至2021年,大学新生入学资助政策共计资助学生178.56万人次(图1-3-19)。

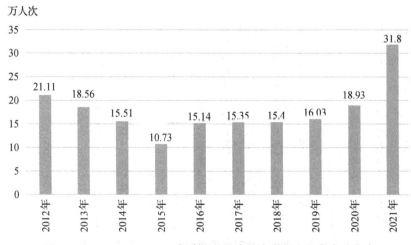

图1-3-19 2012—2021年我国普通高校大学新生入学资助人次

(9) 研究生"三助"岗位津贴

2014年至2021年,研究生"三助"岗位津贴资助学生共计1 002.06万人次(图1-3-20)。

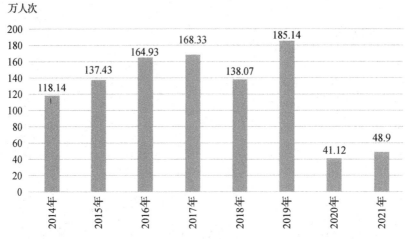

图 1-3-20　2014—2021年我国普通高校研究生"三助"岗位津贴资助人次

(10) 勤工助学

2007年至2021年,全国普通高校学生参与勤工助学共计4 382.79万人次(图1-3-21)。

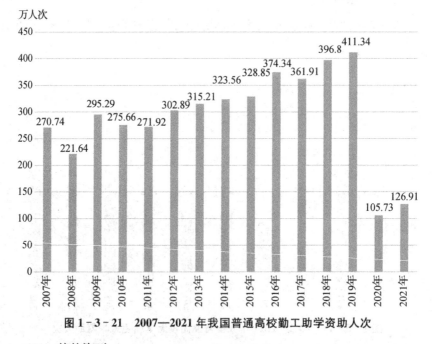

图 1-3-21　2007—2021年我国普通高校勤工助学资助人次

(11) 其他资助

2007年至2021年,特殊困难补助共计3 397.96万人次,伙食补贴共计13 751.32万人次,学费减免资助共计382.34万人次,校内无息借款资助共计78.67万人次,其他项目资助共计3 194.05万人次。

第二章 高校精准资助核心概念和理论基础

第一节　核心概念

一、家庭经济困难学生

根据《教育部等六部门关于做好家庭经济困难学生认定工作的指导意见》（教财〔2018〕16号），家庭经济困难学生认定工作的对象是指本人及其家庭的经济能力难以满足在校期间的学习、生活基本支出的学生。其中，学生包括幼儿、中小学生，以及高校学生。高校学生中，包括了根据国家有关规定批准设立、实施学历教育的本专科学生、高职学生、全日制研究生。

相应地，大学生资助指的是，国家、社会团体甚至个人通过各种方式，向高校学生提供经济或者非经济方式的资助。

二、精准资助

精准资助内涵丰富，识别是前提，帮扶是关键，管理是保障。"精准资助"的核心是"精准"，也就是流程简化、容易操作，标准细化、注重考核，了解差异、聆听需求，帮扶准确、落实政策，同时，"精准"二字也是贯彻资助行为全部过程的基本要求。

所谓精准资助，是指通过一定方式找准资助对象并采用恰当的资助方式实现差异化的资助内容，确保资助目标与受助者需求相符，最大限度地发挥资助育人的功效。精准资助具有精确性、差异性和发展性。首先，要通过有效的方式精准识别出需要帮扶的贫困生；其次，要在资助工作中做到因地而异、因时而异、因人而异，根据不同地区、不同时期、不同学生面临的困难，进行个性化、定制化、人性化的资助；最后，资助政策是动态的、不断调整的，资助目标不仅仅是保障学生的基本生存权利而是让学生成长成才，从而真正实现资助育人的目标。精准资助可以从两个层面来理解，即经济层面的精准资助与成长发展层面的精准资助。经济层面的精准资助是基础、是保障，成长发展层面的精准资助是方向、是目标。

精准资助是精准扶贫在教育领域的具体落实。精准资助有利于促进教育公平和社会公正,有利于促进学生教育和管理工作的进行。

三、发展型资助

2017年,教育部发布了《高校思想政治工作质量提升工程实施纲要》(简称《纲要》),其中将"资助育人质量提升"列为"十大"育人体系之一。该《纲要》强调了建立具有国家资助、学校奖助、社会捐助和学生自助四个方面的发展型资助体系,并倡导构建物质帮助、道德浸润、能力拓展和精神激励等元素有效融合的资助育人长期机制。

发展型资助是一种针对贫困生的资助方式,与传统的经济援助不同,它更加注重贫困生的全面发展和成长。高校在根据社会发展和学生成长规律的基础上,动员多个主体参与,提供多元化的资助供给。除了满足贫困生的经济需求外,还进一步关注能力培养、心理关怀和道德养成等方面的需求,促使贫困生成长为有能力、独立自强的社会人。《纲要》中关于发展型资助体系的阐述,将关注点从简单追求教育机会公平转向了教育过程的公平。在资助内容方面,《纲要》中将发展型资助划分为四个方面,包括物质帮助、道德浸润、能力拓展和精神激励。而李义波则将其细分为经济资助、心理辅导、精神帮扶、学业指导和能力提升。另外,徐国峰等人则将发展型资助分为经济帮扶、学业助推、主题教育、人文关怀、实践历练和心理疏导等多个方面。这些都是为了满足贫困生全面发展的需求,在不同层面提供多元化的支持和关怀。本书将发展型资助的内容分为四个层面,其中经济保障是基础,能力培养是核心,心理关怀和道德养成则是重要的补充。经济基础对贫困生来说非常重要,只有解决他们的生活需求,才能让他们更好地专注于学习和成长。能力培养是发展型资助的核心内容,通过培养贫困生的能力,让他们在职场中获得竞争优势。同时,心理关怀和道德养成也非常必要,对于解决心理问题和培养良好的社会道德作用都非常显著。另外,也可以把发展型资助概括为经济资助和成长发展资助两个方面,成长发展资助则包含了能力培养、心理关怀和道德养成等多方面要素。

发展型资助的主要特点是关注贫困生的成长和发展需求,并重视各参与主体的合作。同时,发展型资助还经历了两个转变。首先是从以无偿型资助为主转向有偿型资助为主。这意味着增加助学贷款的比例、减少助学金的份额等措施,以改变贫困生依赖性思维,培养他们自力更生和奋斗的精神。其次是从显性资助向隐性资助的转变,体现在贫困生的认定、帮扶方式和手段上更加注重人性化。换言之,发展型资助关注贫困生身心全面发展的需求,并致力于促进社会参与,推动贫困生从被动接受援助到积极主动发展的转变。

四、智慧资助

智慧资助是以信息化为基础,通过人工智能和大数据手段,实现数据对接与数据共享,帮助学校精准识别家庭经济困难学生、实施人性化精准资助的高级形式,是高校智慧校园建设的一个重要组成部分。

大数据作为一种新的方法和技术,其核心价值在于通过数据挖掘等手段迅速获取来自各个领域的庞大数据,并为决策提供科学手段和准确依据。在高校贫困生资助工作中,大数据提供了一种新的思路,可以实现对贫困生的精准识别、资助、管理和考核,推动高校贫困生资助工作的精细化。

运用大数据推进高校精准资助的目标是将大数据的理念、方法和技术应用到高校资助工作的各个环节,以提高家庭经济困难学生及其贫困程度识别的科学性和准确性。同时,通过精细化的帮扶内容和个性化的方案,增强资助工作的针对性和准确性。此外,强调资助管理的动态性和统筹协调性,以确保家庭经济困难学生能够公平地享受到高质量的教育。通过运用大数据,可以提高教育公平和社会公平的水平。总之,大数据为高校贫困生资助工作的精准化提供了新的途径和方法。

五、资助育人

高校资助育人的核心目标是将"立德树人"的使命贯穿于高校学生资助工作的整个过程,致力于培养具备民族复兴责任意识的时代新人,打造全面发展的社会主义建设者和接班人。具体而言,这一目标通过以下四个方面的融合来实现良性循环:解困—育人—成才—回馈。

首先,在物质帮助方面,通过整合无偿资助和有偿资助、显性资助和隐性资助,使贫困学生获得必要的物质支持。

其次,在能力拓展方面,注重提升贫困学生的综合素养,帮助他们培养各方面的能力,使其成为全面发展的个体。

第三,在道德浸润和精神激励方面,通过引导学生遵循社会主义核心价值观,促使他们自觉树立家国情怀,塑造诚实守信、知恩感恩、勇于担当的良好品质。

最后,在回馈方面,鼓励受助学生回报社会,以感恩为动力,积极参与社会实践和公益活动,将所获得的资源和经验用于帮助他人。

通过以上四个方面的有机融合,高校资助育人形成了一个循环体系,旨在培养具备全面素养和社会责任感的优秀人才,以应对民族复兴的时代使命①。

---

① 马晓燕.理解高校资助育人科学内涵的三个维度[J].思想政治教育实践研究,2020(3):152-155.

第二节 理论基础

一、精准扶贫思想[①]

(一) 精神内涵

2013年11月,习近平总书记在湖南十八洞村考察期间首次提出了"精准扶贫"的理念,标志着这一思想的初步形成。在接下来的五年里,习近平总书记不断强调"精准"这个关键词,认为它是决定扶贫开发成败的关键要素。同时,在具体操作层面上,习近平总书记提出了"因人因地施策、因贫困原因施策、因贫困类型施策"的原则和方法,并提出了"六个精准""五个一批"等具体措施,进一步拓展了"精准扶贫"的内涵。

总的来说,这一思想可以概括为以"真"为基础,以真实、客观的数据和情况为依据,确保扶贫工作真实可信;以"准"为要义,根据贫困人口的具体情况和需求,制定准确有效的扶贫方案;以"精"为关键,注重细致入微、精细施策,确保扶贫工作精准到人;以"退"为成效,即要确保贫困人口脱贫后能够持续稳定的发展,避免返贫现象的发生。

习近平总书记提出的这一思想,旨在解决传统扶贫方法中存在的不准确、不精细的问题,更好地帮助贫困地区和贫困人口脱贫致富,实现全面小康社会的目标。

1. 真:识准扶贫对象。

"真",在"精准扶贫"中,代表了真实可信的基础,包括以下要点:首先,要真实地了解贫困情况,深入到基层一线去了解贫困群众的真实生活状况,避免浮光掠影的观察和片面的判断。其次,要真实地识别和认定贫困人群,确保将援助重点放在真正需要帮扶的人身上,并确保所获得的帮扶对象信

[①] 王娜.实现高校精准资助面临的问题及其解决路径[J].思想理论教育实践研究,2018(7):102-105.

息真实可靠,使有限的扶贫资源真正用于最需要帮助的人身上。最后,扶贫工作的作风要真实可信,杜绝虚假的面子工程和政绩工程,不做表面文章,不空喊口号,也不设立过高、难以实现的目标。

2. 准:找准穷根。

"准"在"精准扶贫"中代表了准确和针对性,具体要求如下:首先,要找准贫困的深层次原因,明确扶贫的靶向目标。这意味着需要从技术能力和思想意识两方面寻找致贫原因,把握贫困现象的多元性和复杂性。其次,要量身定制扶贫方案,对症下药。根据不同地区、不同家庭的具体情况,提供有针对性的帮助和支持,以增强贫困群众脱贫致富的能力。最后,扶贫工作既要注重输血,即提供紧急救助和基本保障,也要注重造血,促进贫困地区的经济发展和产业兴旺,使贫困人口能够实现可持续的脱贫致富。

总之,准确和有针对性是"精准扶贫"的核心要义,通过找准致贫原因、制定个性化的扶贫方案和综合施策,可以有效帮助贫困地区和贫困人口摆脱贫困状态。同时,扶贫工作要注重长远发展,使贫困地区能够自我发展,实现可持续脱贫。

3. 精:精细扶贫举措。

"精"在"精准扶贫"中代表了精细和有针对性,具体要求如下:首先,遵循因人而异、因地制宜的原则,针对不同地区、不同情况的贫困群众制定个性化的扶贫方案。这意味着需要摒弃"大水漫灌""一刀切"的粗放做法,真正从实际出发,采取"点对点""人对人"的脱贫措施,并根据实际需求来进行有针对性的帮助和支持。其次,要细化扶贫举措,制定合理的规划和工作安排,确保每一个扶贫措施都能够精准地落地和见效。同时,还要明确分工与责任,让每一位扶贫干部都充分认识到自己的责任和使命,做到知责尽责。

总之,精细和有针对性是"精准扶贫"思想实施的关键。通过个性化的扶贫方案、细化的扶贫举措和明确的分工与责任,可以确保扶贫工作更加精准地满足贫困群众的需求,推动贫困地区实现全面脱贫。

4. 退:精准脱贫。

"退"在这里代表退出机制,也是指脱离贫困状态。具体来说,精准扶贫的最终目标是实现脱贫,只有通过脱贫才能真正实现全面建成小康社会的美好愿景。为了确保脱贫攻坚取得实效,需要坚持精准扶贫和精准脱贫的原则。

关于如何实现"退"的过程，习近平总书记强调了以下几点：首先，要设定明确的时间表，有序地推进脱贫，并确保不拖延也不急躁。其次，在一定时间内，要实行摘帽不摘政策的缓冲期，以防止贫困人口返贫。第三，要进行严格评估，按照摘帽的标准进行验收。最后，要逐户销号，确保每个贫困户都实现了脱贫。

只有做到脱贫并杜绝返贫，才能真正实现"精准扶贫"的目标，进一步展示了"精准扶贫"思想的价值和意义。通过设立明确的退出机制，有序推进脱贫工作，并确保贫困群众实现持久的脱贫，才能迈向全面小康社会的目标。

(二) 精准扶贫思想对学生资助工作的指导意义

对象精准。一直以来，资助对象的精准化程度是影响资助工作有效开展的重要因素之一。资助对象是否精准直接影响着资助的预期效果，会造成实际资助效果与预期效果之间的偏差。因此，对象精准，指的是受助学生的精准性。由此看来，对象精准化是教育精准扶贫的重要前提条件。

需求精准，是在受助学生精准的基础上，掌握学生的需求。在较为充分地了解了受助学生的个人真实需求后，针对不同受助学生的不同需求，切实开展相关的帮扶工作，从而实现大学生资助工作的真正目的。在深入了解了家庭经济困难学生的实际需求和诉求后，制定出较为合理的资助育人计划，从而确保精准资助育人工作落到实处、落到细处。可见，需求精准是实现精准资助的重要保障。

评价精准。高校大学生资助工作的各个环节环环相扣，在实际的资助工作中，应把握好各个环节间的关系，做好协调工作。为了进一步推进高校大学生资助工作的精准化进程，在保证了学生认定精准和了解需求精准的基础上，还应注意做好评价和考核工作。在完成了阶段性工作后，都应进行及时的复盘、分析和总结，从而进一步优化流程、解决问题。精准化评价也可以提升资助工作的效果。

二、教育公平

教育公平问题是人类社会永恒的话题之一。在古代，中西方都出现了教育公平思想的萌芽。早在春秋战国时期，孔子就提出"有教无类"的思想，要向更多人提供受教育的机会。无论穷人或富人,达官贵人或者社会底层人士,都应该接受教育,这其中隐含着朴素的教育公平思想。在古希腊文明时期,哲学家柏拉图在《理想国》中表达了他对"公平"和"平等"的期许,他认为人们要生活在真正公平正义的社会环境中,才能充分施展自身的才能。亚里士多德提出"公平就是比例,要根据各自价值分配才是公正",如果采用相同的方法来对待拥有不同才能的人,就并非真正的正义。

高校资助育人中的教育公平,可以这么理解,受教育机会和教育资源应照顾贫困生群体。具体来说,包括资助的起点公平、过程公平、效果公平。即,贫困生享有受教育权利和公平的受教育机会;在开展资助活动时,要平等对待贫困生,清除物质障碍对贫困生生活和学习的影响;让处于不同程度贫困的学生都能获得发展,从而产生比较公平的教育成效。资助的起点是实现教育公平的前提,资助的过程是实施教育公平的保证,资助的效果是衡量教育公平的标准。

从历史的视角来看,教育公平往往表现为教育质量的提升,贯穿整个资助育人过程。相较而言,资助起点公平和过程公平更为容易实现,而资助效果的公平,仅仅是一个相对公平的概念。在现实生活中,难以让受教育者拥有同等成功的机会,只能尽可能朝向教育公平的目标接近。这样看来,资助公平是一个逐渐减少不公平现象从而达到相对公平效果的动态过程。

(一)资助育人与教育公平的关系

我国高等教育改革的价值目标是不断推进教育公平。资助育人与教育公平之间是辩证统一的关系。教育公平是资助育人的前提。学生资助工作与思想政治教育工作的结合点在于提升学生的思想道德品质和修养水平。基于此,资助工作以人文关怀内在价值追求形式体现教育公平和社会正义。通过学生资助对贫困学生进行经济帮扶、生活关怀,让寒门学子顺利接受高等教育,让他们感受到社会的公平正义。与此同时,资助育人本就是促进教育公平的题中之义。

教育公平的重点在于扶持困难群体,要保障贫困生享有平等接受教育的机会。党的十九大报告提出"在发展中补齐民生短板、促进社会公平正义""深入开展脱贫攻坚"①。作为实现教育公平的有力措施,资助育人工作影响着脱贫的质量与程度,"着力加强教育脱贫,加快实施教育扶贫工程,让贫困家庭子女都能接受公平有质量的教育,阻断贫困代际传递"②。资助育人也是人才培养的有效方式,高校资助育人效果是检验教育公平的依据之一。资助工作不仅可以推动教育公平,也可以促进教育理想早日实现。

(二) 马克思主义的公平正义观

马克思主义的公平正义观在对蒲鲁东公平正义思想批判的基础上,对其进行改造和创新。马克思批判资本主义的生产方式,否定了唯心主义的抽象概念,将公平正义置于特定的政治经济环境中,并对社会的物质生产力和经济关系进行思考。他认为不存在"绝对公平",资本主义不能实现真正的公平,空想社会主义也无法实现社会公平正义。

马克思指出"蒲鲁东先从与商品生产相适应的法权关系中提取他的公平的理想,永恒公平的理想"③。蒲鲁东主义的缺陷在于他认为公平有普适性、公平是绝对的、永恒的,忽略了公平适用的条件。马克思、恩格斯认为,社会的经济基础决定意识形态,观念受到道德、社会规范和法律的约束,公平同时具有革命性和保守性。总之,公平根源于社会生活。

不同历史时期对公平正义观念的发展是由社会经济基础的变化所决定的,而不是仅仅由观念本身的发展所决定。马克思曾提出:"物质生活的生产方式制约着整个社会生活、政治生活和精神生活的过程。"随着物质生产方式的变化,人们对公平正义的认识也随之变化。恩格斯在《反杜林论》中指出:"在某些方面和范围内,所有人都有一定的共同点,在这些共同点上,他们是平等的。"他对平等观念的演进进行了深入分析。马克思和恩格斯深入探讨个人自由和正义问题,将实现平等看作是一个逐步推进的过程。要实现社会公正,必须建立在社会主义基础上,因为资产阶级私有制的经济根源无法实现社会公正。

马克思主义的公平正义观对于研究高校资助育人具有重要意义。根据马克思的理论,社会公正的实现是一个渐进的过程,不存在绝对公平,只能

---

① 中国共产党第十九次全国代表大会报告全文[N].新华社,2017-10-27.
② 中共中央、国务院关于打赢脱贫攻坚战的决定[N].新华社,2015-11-29.
③ 马克思.资本论:第1卷[M].北京:人民出版社,1995:102.

是相对的概念。作为共产主义的首要价值原则,公正主义被定义为:"真正的自由和真正的平等只有在共产主义制度下才能实现,而这种制度符合正义的要求。"在共产主义社会中,随着生产力的高度发展,阶级和私有制逐渐消失,物质世界和精神世界得到了极大丰富,实现了按劳分配财富的原则,所有人共享发展成果。同样地,教育公平的实现也是一个逐步推进的过程,教育公平的效果也是相对公平的。

在共产主义社会,社会公正的最终价值诉求——人的自由全面发展也就产生了实现的可能。高校资助育人以家庭经济困难学生作为研究对象,研究建立公平公正的制度来保障资助育人的顺利实施,最终目标是促进贫困生的成长成才。

(三)罗尔斯"作为公平的正义"

罗尔斯的"作为公平的正义"观是一种政治正义观和理性正义观,而不是道德学说。他将平等划分为两个层面:在政治层面,平等意味着公民是平等和自由的个体;在经济层面,平等即为正义的分配。他将"平等"和"正义"紧密结合,主张每个人天生平等,不能因地位、财产、智力等因素而被剥夺。他提出了"作为公平的正义"的基本概念:"所有社会价值——自由与机会、收入与财富以及自尊——都应当以平等的方式分配"。[1] 他认为,由于社会中弱势群体处于不利地位,所以在资源分配时应倾向于为他们提供适当的帮助和支持。

罗尔斯的正义理念主要体现在他提出和修正的两个正义原则上。第一个原则是平等自由原则,意味着每个人都享有不可剥夺的权利,并且有一个基于自由的平等制度。这意味着每个人都拥有平等的自由权利,这种权利与自由制度是相容的,而且这个自由制度可以包容所有人的自由。第二个原则包括公平的机会原则和差别原则。公平的机会原则要求提供对所有人公平的机会,让每个人都有平等的机会去追求自己的目标和发展。差别原则指出,在满足公平机会的前提下,分配应当最大化社会中最弱势群体的利益。

显而易见的是,第一个原则优先于第二个原则。在第二个原则中,公平

---

[1] 罗尔斯.正义论[M].何怀宏,等译.北京:中国社会科学出版社,1988:62.

的机会原则也优先于差别原则。这意味着在追求正义时,应该首先确保每个人都有平等的自由权利,然后在平等自由的基础上提供公平的机会,并尽可能地满足社会中最弱势群体的利益。

罗尔斯的"作为公平的正义"理论可以有效地应用于高校的资助育人工作中。罗尔斯的正义原则旨在保护最弱势群体的合法权益,确保他们不会因为大多数人的利益而受到损害。在高校中,贫困生在某种程度上是最弱势群体,因此可以将罗尔斯的正义原则运用于高校资助育人的实践中。

罗尔斯在讨论公平的机会原则时,设定了一个理想的自由体系,强调社会应该为所有人提供平等的受教育机会。他提出的正义原则是一个有机的整体,结合了平等自由原则和差别原则,实现了自由平等原则的优先,并促进了社会、经济权利的平等以及机会的平等。这样的原则能够兼顾弱势群体的利益,实现公平与正义的有机统一。研究高校资助育人体系时,遵循这个逻辑思路,可以发现资助育人工作中并不存在绝对的公平与正义,但却存在着一个底线,即确保权利与福利的不太平等必须符合高校贫困生能够接受的最低限度条件,并且符合他们的最大化利益。

因此,运用罗尔斯的正义理论来指导高校资助育人工作,可以确保在实践中维护公平与正义的底线,并为贫困生提供平等的机会和最大化利益的可能。

(四)教育公平理论分析

教育公平理论是对追求"公平"理念的进一步延伸,主要涵盖这几个方面:

1. 教育公平理论强调了起点公平、过程公平和结果公平三个观测点

起点公平意味着每个人都有平等的生而受教育的权利;过程公平则要求采取适当的措施来确保人们能够享有接受教育的权利;而结果公平则追求更高层次的公平,即弱势学生毕业后应该通过帮扶获得与其他人同样的发展机会。

2. 教育公平理论提出了效率优先、公平优先和自我实现优先三种价值观

效率优先的价值观认为,在教育过程中,尽管每个人都有平等的受教育权利,但应该存在竞争以筛选出更优秀的受教育者,他们应该获得更好的教育机会和资源。公平优先的价值观则主张在教育过程中平等分配各种教育

资源。而自我实现优先的价值观认为,教育的最终目标是通过因材施教、充分开发每个受教育者的潜力并促使其能力的充分发展。

3. 教育公平理论提出了平等原则、差异原则和补偿原则三种资源分配思路

平等原则强调每个人在获得教育机会和权利方面应享有平等的待遇;差异原则认为根据不同的学生需求提供差异化的教育环境和资源;补偿原则注重倾斜资源给予弱势群体,以实现社会公平。教育公平理论对于精准资助的研究提供了启示。首先,结果公平是精准资助的主要目标,帮扶工作应关注贫困学生的思想观念和价值观的积极转变。其次,效率优先支持当前的生源筛选机制,而公平优先和自我实现优先为未来的资助机制建设提供基本思路。最后,差异原则和补偿原则为研究提供了理论支持,差异原则强调因材施教,补偿原则旨在合理重新分配有限的教育和资金资源,减少不公平。

三、人的全面发展理论

马克思主义认为,人应该追求全面发展而非片面或受限制的发展。在社会关系中,人既是主体也是客体,人的本质是由社会关系构成的总和。人的全面发展包括德智体美劳各方面的发展,以及自然素质、心理素质、社会素质的协调发展,同时也包括政治、经济、社会和文化权利的充分发展。马克思主义认为,社会关系的全面性决定了人的本质的全面性,而人的本质的全面性反过来也影响着社会关系的全面性。只有当人的思想道德素质和职业素养得到全面自由的发展,每个人能够根据自己的意愿自由选择活动领域,既能参与生产劳动又能参与非生产劳动,人的全面自由发展才能实现。因此,马克思主义关于人的全面发展理论对于高校资助育人工作具有指导意义,可以帮助促进贫困学生全面发展和提升综合素质。

人的发展通常取决于同他直接或间接交往的其他一切人的发展。一个人的社会交往程度越高,社会关系就越丰富,视野就会越宽广,获取的信息、知识、技能、经验就越多,能力的发展就越快,进步就越全面、越迅速。在马克思看来,人的需求发展和需求的不断满足是推动人类历史和人类社会文明不断进步的源泉。人的意识活动及其他各方面的行为活动的内在动力是人的需求。马斯洛提出的需求层次理论,将人的需求分为生理需求、安全需求、爱和归属的需求、尊重需求和自我实现需求五个层次。人的需求总是处

于变化之中,总是在满足一个需求之后产生对后一个需求的需求,历史的车轮也就是这样被人们推动着朝前走去。因而,人的需求不断推动人的全面发展,从而推动社会文明的不断进步。

资助对象的全面发展包括资助对象体力、智力、个性和人际交往能力的发展,即人的全面发展。家庭经济困难大学生是目前大学生中较大的一个群体,他们的全面发展,核心在于综合素质的全面发展。综合素质包括了思想道德素质、科学文化知识素质和身心健康素质。资助是解决家庭经济困难大学生物质生活保障的基本手段,是发挥思想政治教育功能的有效途径。思想道德素质是资助教育的灵魂,科学文化知识素质是家庭经济困难大学生成才的基石,身心健康素质则是前两者的前提。

四、教育成本分担理论

美国教育经济学家约翰斯通提出了教育成本理论,该理论主要研究高等教育经费的来源和管理模式。根据他的理论,教育经费可从四个方面获得:个人支付、学生的父母支付、学校投入和政府拨款。他认为,不应该完全依赖政府承担所有教育费用,因为即使政府承担了高等教育的全部成本,也不能保证社会中的弱势群体能够获得平等的受教育机会和福利。

在研究教育经费分担比例时,约翰斯通提出了两个原则:利益获得原则和支付能力原则。利益获得原则指的是,在确定教育费用分担时,应该根据各方因教育而获得的收益大小来确定承担的成本比例。换言之,那些从教育中受益最多的人应该承担更多的教育成本。支付能力原则指的是,在多个出资主体中,支付能力较强的一方应该承担更高比例的教育成本。简而言之,支付能力更强的人应该分担更多的教育费用。这两个原则可以帮助制定公平合理的教育经费分担方案。

约翰斯通认为高等教育的收益主要体现在两个方面。首先,高校通过培养高素质的人才,提升了国家的整体实力,因此国家能够从高等教育中受益。其次,受教育者通过接受高等教育,提升了个人的素质、能力,同时也能够获得更高的经济收入、社会地位。基于这些收益情况,约翰斯通认为受教育者应该承担较高比例的教育费用。而就支付实力而言,国家相对来说具备更强的支付实力,远远超过个人或家庭。综上所述,约翰斯通认为在确定教育经费分担比例时,应考虑到受益情况和支付实力,国家应负担较高比例的费用,而受教育者则根据经济实力来承担相应的成本。

教育成本分担理论对于我国的教育体制改革具有重要的意义。在新中国成立之初,我国采取了"免费＋人民助学金"政策,但该政策在实践中难以持续。1985年,我国颁布了《中共中央关于教育体制改革的决定》,结束了政府包揽教育成本的模式,开始实行政府、受教育个人以及社会其他主体共同分担教育成本的模式。到了1990年前后,我国逐步确立了高校收费制度,政府仍然承担了大部分的教育成本,但学校和学生家庭也开始承担教育成本。

这种教育成本分担模式带来了多方面的优势。首先,高校承担教育成本能够促进有限资源的合理分配。其次,学生家庭承担教育成本能够使学生和家长珍惜宝贵的教育机会,并在一定程度上缓解教育经费紧张的问题。此外,社会共同承担教育成本在很大程度上提高了全民参与教育的意识,营造了良好的社会风气和氛围。

可以说,教育成本分担理论为我国现行的教育收费制度提供了强大的理论基础和制度指引。它有助于保持教育公平和提高教育质量,同时也能够更好地利用教育资源,促进社会的发展与进步。然而,由于受教育个体的家庭和经济条件各不相同,贫困生也成为了教育收费制度的一个问题,这使得对于精准资助的需求日益凸显。

第三节　价值理念[①]

通过实施高校学生资助政策,我国高等教育在解决贫困学生家庭经济困难、减小学生之间的经济差距、激励学生积极学习与进取、促进教育公平、提高资助水平以及推动教育可持续健康发展方面取得了显著成果。从基本属性、价值观和理念的角度审视高校学生资助,有助于准确把握资助活动的目标和方向,对于确保资助的本质与功能非常重要。

一、本质特征分析

本质是指事物固有的特性,用来区别某一类事物与其他事物的基本属性。从马克思主义哲学角度来看,大学生资助活动是在人们主观意识和客观世界之间发生的一种生命活动方式,属于人的本源性生存方式。在整个国家范围内的大学生资助活动中,主体是国家或国家学生资助管理中心,客体是广大受助的大学生。资助活动通过主体与客体之间的互动方式进行,即主体和客体之间进行资助交往。而在某所高校内部的大学生资助活动中,主体指的是该高校内的学生资助管理机构,客体范围则仅限于该高校的大学生。

在哲学中,对于人的生命活动的最重要特点是它是一种自由的、有意识的活动。这种自由的、有意识的活动创造了具有人的本质属性的生活世界,使人能够在其中自信地独立于自然界之中。人们能够通过这种生命活动实现本质上的交流和互换。因此,在资助政策落实的过程中,资助管理工作者与受助学生之间实现了一种本质性的价值交换。主体通过提供资助获得了教育公平和人力资本等价值,而客体通过接受资助在完成学业、顺利就业以及实现个人目标等方面获得了回报。

[①] 范晓婷.大学生资助管理评估研究:基于中共直属120所高校的实证分析[D].北京:北京科技大学,2016.

二、价值功能阐释

（一）价值功能概述

政策是一个行为活动的规范和准则,它体现了理性和感性两方面的属性。高校大学生资助活动作为一种政策媒介,也具备这两方面的属性。感性上,大学生资助政策的出发点是资助育人和实现教育公平,政策制定本身就代表着对贫困大学生的关注和责任。理性上,大学生资助活动包含了效率和价值二者的对立统一。马克斯·韦伯认为工具理性是通过满足他人期望来实现目标的实践途径,注重政策操作的便捷和有效性,并追求效率最大化;而价值理性则强调活动的目的和价值。在高校学生资助领域,工具理性体现为资助政策的实施方式、途径、效率和效益,价值理性则体现为资助活动所追求的公平正义、扶贫育人等价值目标。中国自新中国成立以来一直非常重视大学生资助制度,并与其相关的价值紧密相连。综上所述,将高校大学生资助的价值概括为以下四个要点:

1. 经济价值:扶贫解困

我国一直在积极倡导和推动全球扶贫事业,探索出了一条具有中国特色的扶贫道路。政府陆续实施了一系列扶贫战略、举措和政策制度。根据贫困性质和根源的不同,扶贫战略可分为制度变革型扶贫、基础设施建设型和生态恢复型扶贫、能力提升型扶贫、救助型扶贫和族群系统型扶贫等。其中,制度变革型扶贫是指对现有制度进行系统性改革和创新,其中的教育制度扶贫是制度变革型扶贫的重要举措之一。在通过教育制度改革开展扶贫活动方面,高校大学生资助政策的推出和实施是制度变革型扶贫的重要措施。

高校大学生资助政策主要关注家庭经济困难的农村学生、城市低收入家庭的学生和遭遇挫折家庭的学生。他们的共同特点是来自社会弱势群体。因此,高校大学生资助政策的重点是通过提供有偿或无偿的经济支持,帮助这些弱势群体的子女接受高等教育。家庭经济困难学生在学习期间可以获得来自国家财政资金的奖励和补助,以减轻其家庭负担。长期以来,我国的大学生资助政策将解决经济困难置于重要位置。例如,1952年推出的人民助学金制度在免除学费的基础上还发放一定的补助,助学金可以覆盖所有学生的生活费用,并且学生不需要偿还所获得的资助;1993年推出的勤工助学政策同样考虑到经济困难学生的情况,要求学校在贯彻该政策时优先安排家庭经济特别困难的学生;2007年推出的国家励志奖学金的政策针对的就是在学业上表现优秀的贫困学生。总而言之,扶贫解困一直是我国大学生资助政策的基本出发点。

2. 教育价值:扶智育人

高校大学生资助政策不仅在经济上帮助家庭经济困难学生,同时在资助育人方面发挥着重要的激励作用。通过这项政策,激励和鼓励了家庭经济困难学生追求学业上的成功和个人发展,并向其他大学生传递了一个积极的示范作用,激发了他们的学习动力和发展潜力。

大学生资助政策对于家庭经济困难的学生来说,不仅是经济上的支持,更是一种培养他们自主发展能力和提升综合素质的机制。这些政策的目标是让学生有机会获得专业知识和技能,从而改变他们的命运。通过各种奖学金和助学贷款的设立,使用政策激励学生追求卓越,积极进取。除了解决经济问题外,资助项目还强调诚信责任,通过借贷方式培养学生的守信意识和金融素养。总之,大学生资助政策不仅帮助学生解决经济困难,更重要的是培养学生的素质和价值观,为他们的未来发展奠定坚实基础。

3. 伦理价值:人文关怀

大学生资助政策的制定和实施是国家追求社会公共政策目标的重要组成部分,尤其针对贫困大学生这一特殊群体进行公共管理。经济学家通常被视为"穷人的保护者",他们研究国民财富增长并提供减少贫困的解决方案。不论是出于反贫困理念还是对贫困人群的同情,学者们都对反贫困和资助持有深刻的伦理价值追求。江应中将贫困生资助政策的伦理层次结构归为底线伦理、边际伦理、理智伦理和美德伦理四个层面,这指导了资助政策的制定者、执行者和相关人员的伦理行为。底线伦理要求政策制定、实施和评估遵循最基本的道德规范,确保所有贫困学生在资助政策下享有平等的帮助权利;边际伦理赋予和保护资助政策相关人员的知情权、发言权和参与权,即学生可以参与和评价政策和活动;理智伦理则要求对政策进行反思和批评,涉及伦理价值观;美德伦理是资助政策的最高层次,追求政策主体和客体的真善美。大学生资助政策的出发点和目的都是为了满足学生的需求,无论是哪个层次的伦理价值追求,都离不开对个体的人文关怀。人文关怀意味着关心和肯定个人的生存状况、尊严和生活条件。无论是向贫困学生提供经济援助还是对优秀学生给予奖励，都展现了资助工作对学生的人文关怀。以大学"绿色通道"为例，经济困难的学生可以推迟缴纳学费并入学学习，通过申请助学贷款或参与勤工助学等方式缓解经济压力。这项政策使家庭经济困难的新生能够感受到国家和学校的关心，从而增强他们对国家和学校的信任，并激发他们积极向上的动力。

4. 社会价值：教育公平

在教育领域，追求教育公平的目标是确保教育权利平等和教育机会均等。其中，教育机会均等是实现教育公平的核心内容。为了弥补社会弱势群体面临的不平等和不公正，大学生资助制度采取了补偿和倾斜的措施。通过向家庭经济困难的学生提供经济援助，帮助他们减轻了家庭负担，避免了因贫困而失去接受教育的机会，以及因此丧失对教育的热情和动力。通过制度层面上的保障，大学生资助制度实现了贫困学生的教育机会均等，从而促进了教育公平的实现。

(二) 影响资助育人功能的因素

1. 对资助政策存有认知误区

一方面，国家资助政策的目的是帮助家庭经济困难的学生克服上学的困难，减轻他们家庭的经济压力。另一方面，这些政策旨在指导和鼓励学生在学习、生活和心理等方面得到支持，培养他们的优秀品质，促进他们健康成长。然而，调查显示，目前大多数大学生对资助政策的了解主要来自老师和同学的口碑传播，对国家和学校的资助政策了解不够全面，对资助政策实施的真正目的缺乏正确的认知。甚至有部分受助者将获得资助视为国家给予他们的福利，认为这是作为家庭经济困难学生应得的权益。同时，还存在一些未受资助的学生通过不诚信手段试图获取资助金的现象，这给大学生的诚信教育带来了不良影响。此外，一些学生认为要想得到资助，需要与班干部和辅导员保持良好关系，否则很难获得资助。这种认知误区严重影响了大学生对国家实施资助政策主要目的的理解，并在受助对象的认定和资助金发放过程中引发了不公平现象。

2. 品格塑造缺乏整体性

目前，高校学生资助育人工作在培养诚信、自立自强和感恩等品格方面还存在一些问题,主要表现在对这些品格的培养缺乏整体性。尽管经济资助可以提供帮助,但是单纯的经济资助并不能完全实现这些品格的塑造。因为培养诚信、自立自强和感恩等品格需要一个完整的过程,并且需要多种教育手段和方法的综合运用。当前,高校大学生资助育人工作在品格塑造方面缺乏整体性,存在简单化的现象,主要表现在以下几个方面:

首先,目前高校对学生诚信品质的培养缺乏系统化的教育。尽管助学贷款是诚信品质培养的一种方式,但其缺乏有效的制度约束机制,因此无法提供全面的品格培养支持。此外,高校在助学贷款偿还等方面也未能加强诚信品质的培养。其次,学生自立自强品格的培养侧重于勤工助学活动,而忽视了学生资助认定工作中的自立自强品质的培养。尽管资助工作可以帮助家庭经济困难学生完成学业,但这种依赖性很难促进学生的全面发展。最后,高校对学生感恩意识的培养也欠缺系统性。虽然大多数受助学生都想回馈社会,但缺乏实际操作的引导。高校需要更加深入地挖掘感恩教育的内涵,并通过实践活动和其他手段来具体推进。

3. 情感激发缺乏有效性

通过对我国大学生资助政策的了解可以发现,在许多项目中,只有奖学金、勤工助学等需要学生投入一定的精力,助学贷款需要学生毕业后以工资收入来偿还,而其他补助项目如助学金、学费减免、特殊困难补助等则是无偿性的,学生不需要偿还。此外,高校还会提供一些额外的补助,如企业资助基金、校友会资助基金等,同样是无偿性的。无偿性资助的最主要作用是激发学生的爱国情怀和感恩意识。

然而,从高校学生资助工作的情况来看,无偿性资助并没有充分发挥其激发情感的功能。调查结果显示,学生们有一定的感恩之心,但他们表达的感恩之情与"享受爱、传递爱"的良好局面存在差距,这影响了无偿性资助发挥有效作用的效果。

4. 对受助者心理问题关注较少

互联网为每个人提供了平等的交流平台,家庭经济困难学生可以在这个平台上临时摆脱自身的贫困身份,扮演各种角色,表达自我和追求个性。通过在网络平台上的交流,他们能够消除面对面交流中的心理障碍,减轻心理压力和负面情绪。在这个过程中,尽管给予他们更多的交流机会并保护了他们的隐私,但同时也容易使他们对网络产生依赖,导致他们在实际的人际交流、校园活动和社会生活中显得更加疏离,不利于他们的交流发展。在现实生活中,家庭经济困难学生更需要社会、学校、老师和同学的接纳、肯定和表扬,以满足他们的情感需求和实现自我价值。受助者在心理方面仍然面临着很大的压力,可能导致各种心理问题的出现,因此需要进一步加强引导和支持。

(三) 不同视角的资助育人功能

针对资助育人的成效,宋晓东、曹宏鹏对北京市5所重点高校561名应届毕业生进行问卷调查,结果显示目前资助政策的助困效果已初步显露,"奖"和"助"政策能有效激励贫困生投入学习,参加各类集体活动,提升综合素质。吕坤等以四川省内特困地区的15所高校学生为对象,研究发现高校资助政策体系对困难生学业完成效用明显,但在提升其人际交往能力、语言表达能力、实践操作能力、创新能力等方面的实际效力不足。王晓霞选取35所全国部属高校展开调研,发现95%左右的大学生对本校开展的家庭经济困难学生资助工作表示肯定,其中明确表示满意的比例呈逐年增长趋势,说明高校资助工作得到了大学生的广泛认可。

1. 经济学视角

从经济学的角度来看,一些研究虽然以"资助育人"为主题,但更侧重于"资助"而不是"育人"。经济学关注资助的效果问题,研究的重点包括政府制度设计和政策体系、学校平台建设、资助形式和经费来源,以及特定制度的绩效等方面。在高校学生资助制度日益完善,资助经费规模不断扩大的背景下,评估资助经费和政策的绩效对于改进具体政策和管理工作显然非常必要。对于高校学生资助管理绩效的评估,不仅包括机构、团队、制度、信息平台等基础保障和政策实施、宣传等工作实施方面,还涉及育人效果的问题。这意味着需要考察学生通过资助获得的教育成果、发展机会以及对个人能力和综合素质的培养等方面的效果。

事实上,即使是关于资助经费管理的研究,也会牵涉到育人成效的问题。当涉及教育效果时,这就不再只是一个经济学问题。有人指出,在我国高校学生资助经费增长速度减缓的情况下,创新资助育人模式是适应经济新常态、加强学生资助经费科学管理的重要途径之一。显然,只有将资助与育人效益相结合,才能最大程度地实现资助经费的效益。这也是资助工作从外延式发展向内涵式发展的必然要求。

那么,为什么资助与育人紧密相关呢?如何通过资助来促进育人呢?资助育人又具有哪些内涵呢?如何评估育人的成效呢?这些理论和评估问题明显需要从新的视角进行研究。

2. 心理学视角

在心理学研究中,学者使用马斯洛的需求层次理论来探讨贫困生的需求,并以此来证明在"资助"工作中注重"育人"的重要性。贫困生不仅有着生理和安全方面的需求,还有归属与爱、尊重、自我实现等方面的需求。然而,由于家庭经济困难和心理自卑等问题,贫困生的心理需求无法得到充分满足。因此,在高校的资助育人工作中,应该超越纯粹的经济资助和满足生理需求,采取改善校园文化、提供心理支持、开展技能培训等措施,以满足贫困生多层次的需求。心理学研究往往关注贫困大学生因经济困境而导致的负面影响,如不良人际关系、学业问题、情感困扰和就业压力等,这在某种程度上呈现了一种消极心理学的倾向。然而,从积极心理学的角度,也有研究者指出贫困大学生由于其特殊的成长经历,在某些方面也会形成比非贫困生更积极的心理特质。因此,高校在资助育人工作中需要转变视角,一方面要以积极的态度发现贫困生的优秀品质,尊重他们自主选择未来发展道路的权利,给予更多发展的自由和空间;另一方面要关注贫困生对自我实现的需求,为他们提供更多提升能力的机会,使得外部的激励能够更好地转化为自我激励。

需要层次论和积极心理学证明了"资助"与"育人"相结合的必要性。然而,这些心理学理论所提出的需求层次、积极品质和潜能是适用于所有人,不仅限于贫困生。因此,在教育支持和引导个体成长与发展方面,这是高校整体教育、管理服务的共同任务,不能仅依赖于"资助育人"。资助只是一种手段,旨在解决贫困生的经济问题,但同时也应该成为育人的有效载体。然而,"资助育人"不仅仅是简单地将资助和育人结合在一起,而是为了育人目标而进行资助,是基于资助的育人以及以资助为契机的育人。它需要进一步探索与挖掘其与"教书育人""活动育人"的区别和内涵。因此,需要全面考虑"资助育人"的含义。高校应该制定政策,在资源分配和实践策略中兼顾资助与育人的有效性和可持续性,通过创造积极的学习环境、提供心理支持和职业发展指导等方式,共同促进学生的全面成长与发展。这样的努力将构建一个符合资助育人理念的综合教育生态系统。

3. 法学视角

高校学生资助工作是确保学生享有受教育权利和基本人权的重要体现，而资助政策的目标是保障贫困生享有受教育的权利，这已经是众所周知的事实。受教育权被视为每个公民的社会权利之一。在公民社会中，社会权利意味着公民有权分享社会发展成果，并按法律规定获得基本生活条件，当这些基本生活条件无法满足时，公民有权要求国家提供支持。因此，贫困生接受资助以完成学业并不是慈善或怜悯的行为，而是他们应当享有的基本权利。

从法学角度来研究高校学生资助育人工作，以权利为中心主要涉及两个方面的讨论。第一，多种权利之间的冲突与协调，这意味着在资助过程中，需要平衡不同权利之间的关系，确保贫困生能够充分享有受教育的权利，同时也考虑到其他相关方面的权利保障。第二，权利与责任义务的平衡，这意味着国家、高校和学生之间存在着相互的权利和责任义务，需要在资助育人工作中找到平衡点，确保权利的行使不会损害到其他方面的权益。因此，从法学视角出发，研究高校学生资助育人工作需要关注权利与责任的平衡，以及不同权利之间的协调与保障。这有助于确保贫困生能够充分享有受教育的基本权利，并构建一个公正和平衡的资助育人体系。

在法理意义上，权利和义务应该相统一。学者们关注到高校学生资助中存在的权利与义务失衡问题，并提出了基于权利和义务对等原则的解决方案。贫困生在接受资助过程中享有多项权利，包括受资助权、隐私权、知情权、参与权、受尊重权等。同时，他们也有相应的义务，如诚实提供个人信息、合理使用受助款项、及时履行协议规定、自觉接受必要监督等。目前，权利与义务失衡的状况表现为受助学生缺乏责任意识，只关注享受权利而忽视履行义务，甚至滥用权力，抛弃或践踏义务；部分学生缺乏诚信和感恩意识，例如虚假申请贫困生身份、助学贷款还款率不高。高校资助偏向于为学生提供经济支持，忽视了培养学生的自力更生能力，导致部分学生形成消极依赖心态。研究者基于权利和义务相统一的原则，提出学生获取资助的权利必须伴随着一定条件下的义务履行。高校对贫困生的资助应以有偿资助为主，强调学生个人的参与和付出。因此，除了完善相关法制和程序，还有必要加强资助过程中的道德教育，培养学生独立精神、责任意识、感恩意识和诚信意识,加强能力素质培养,确立"权利与义务对等"的现代公民价值观念。同时,这些努力离不开资助和育人的结合。

从法学视角分析高校学生资助中存在的问题,可以提升资助政策程序、结果的合法性,这对于纠正问题具有重要的价值。然而,从本书所提出的功能分析论题来看,单单依靠法学视角的分析显然不足以解决问题。如果没有育人的功能视角,那么资助过程中多种权利的冲突就无法得到有效协调,权利与义务的平衡也难以实现。因此,针对高校学生资助问题,需要综合运用多种视角和方法进行研究,既要关注法律规范和政策制定的合法性,更要注重资助过程中的育人功能,加强贫困生的能力培养和价值观教育,使他们能够自立自强,做到"授之以鱼不如授之以渔",实现社会公平和个人发展的有机结合。

三、资助理念的演变

我国高校大学生资助的理念随着社会经济和时代背景的发展而变化,往往带有浓厚的政治色彩。首先,在建国初期,我国大学开始向工农民众敞开,高等教育不再是富人的特权,然而当时普通民众的经济条件并不足以支持他们接受高等教育。为保障工农民众受教育的权利,也为了培养工农出身知识分子,政府开始实行免学费、住宿费、伙食费的资助政策,所以我国第一种大学生资助理念是培养工农出身的知识分子。其次,随着解放战争的结束,新中国开始学习前苏联的教育模式,在大学生资助方面采取"免费上大学"加"人民助学金"的政策,这在当时计划经济的体制下对于发展高等教育具有一定合理性,但随着高校规模的迅速扩大,给我国政府带来了巨大的经济负担。再次,随着社会经济的发展,我国高等教育资助理念转为向满足社会需要的方向发展,即通过大学生资助培养人才以满足社会发展的智力需要。最后,改革开放时期,我国经济发展迈上新台阶,随着高等教育成本分担机制的实施,高等教育贫困问题日益明显,在此背景下,促进高等教育机会公平成为我国大学生资助的基本理念。2007年以来,我国高校学生资助政策体系逐步建立健全,各项资助措施的出发点均在于促进高等教育公平,保障每一个学生不因家庭经济困难而失学。

第三章 高校资助育人工作实践

第一节　国内高校资助育人典型案例

一、东南大学打造"金钥"资助育人平台[①]

东南大学自 2016 年开始打造"金钥"资助育人平台,将育志、育智的理念融入资助育人工作,为每位家庭经济困难学生提供发展综合素质的机会,从"输血"到"造血",激发学生潜能、提升学生能力。目前该项目已累计授课 145 次,覆盖超过 3 561 人次,成为提升家庭经济困难学生能力素养的重要途径。

(一) 育人新变化

学校针对家庭经济困难学生的特点和需求,精心设计育人方案,全力打造"金钥"资助育人平台,开设了英语口语、编程实践、艺术赏析、生涯指导等素质提升课程,涵盖学业发展、心理帮扶、就业创业、国际交流、文化熏陶、兴趣培养、技能培训、创新实践 8 大模块。

在当下"疫情常态化防控"时期,平台课程改为线上线下相结合的模式,在原有高质量线下课程基础上,增设 Python、平面设计等线上课程。2020 年秋季,开设了街舞基础班、吉他基础班、素描基础班、口琴基础班、书法基础班、手机摄影、英语听力辅导、演讲、仪态体态训练、Python 零基础入门等金钥课程。

同时制定线上课程管理制度,从课堂参与度、作业完成度、课堂讨论情况等方面明确学生的学习要求,保证他们良好的学习效果。

(二) 育人新模式

"金钥"育人平台创新服务(service)—储蓄(save)—兑换(spend)的 3S

[①] 从"输血"到"造血":东南大学搭建"金钥"资助育人平台. https://www.xszz.edu.cn/n38/n52/c6537/content.html.

模式,倡导家庭经济困难学生积极参加志愿服务活动获得素质积分,再兑换课程或活动以获得能力提升的机会,将育志、育智的理念融入资助育人工作。

全新的"3S"有偿资助育人模式,倡导家庭经济困难学生积极参加社会志愿服务活动,既培养了家庭经济困难学生"内在"的社会责任感和服务他人、回报社会的感恩意识,又能提升了他们"外在"的综合素质和能力,使素质提升项目充分发挥其价值。

(三) 育人新成效

"金钥"资助育人平台为每位家庭经济困难学生提供全面发展的机会,致力于成为学生人生成长路程中的一把金钥匙,开启学生人生发展进程中的新篇章。多年来,学校资助工作取得了良好的育人成效,涌现出一批优秀励志典型。多位同学获全国大学生自强之星标兵、全国大学生自强之星、江苏省大学生年度人物、江苏省励志之星等荣誉。

学校在帮扶家庭经济困难同学的同时,鼓励他们投身学术研究,参加国内外各项学术科研创新竞赛。仅2019—2020学年,东南大学就奖励了200多名在学术科研上获奖的家庭经济困难学生,奖励金额高达12万元。其中,国际级学术创新科研竞赛项目获奖24人、国家级学术创新科研竞赛项目获奖100余人、省级学术创新科研竞赛项目获奖100余人。

二、天津大学构建多元化、全周期资助育人体系[①]

天津大学深入贯彻落实国家资助政策,切实履行新时期资助工作新使命,坚持精准资助和资助育人两手抓,通过探索经济帮扶之外的"多元化"物资帮扶项目、构建"全周期"的资助育人平台,致力于实现全过程精准资助和全方位资助育人。

(一)"多元化"物资帮扶体系

结合学生成才规律和不同阶段的发展需求,天津大学开展了专项资助,构建了"一不五有"多元化资助帮扶体系,实现了按需资助、智慧资助。

---

① 天津大学构建"多元化""全周期"资助体系 实现全过程精准资助. http://www.xszz.edu.cn/n38/n52/c6623/content.html.

1. 传统节日资助"不打烊"

结合传统节日开展中秋慰问、冬装发放、春节慰问等资助项目,加强了学校与受助学生之间的情感纽带,体现了人文关怀。连续 10 多年开展中秋慰问活动,为家庭经济困难新生发放校徽月饼、水果礼包等,送去温暖与关怀;连续 30 年在冬至前后,为家庭经济困难的本科新生发放御寒衣物;连续 10 余年举办春节留校学生慰问联欢活动,为留校过年的学生免费提供年夜饭、水饺,发红包、送图书。

2. 绿色通道定制礼包"有心思"

连续多年为学生发放爱心大礼包,2021 年为通过绿色通道入学的家庭经济困难新生提供了个性化定制爱心大礼包。通过学校买单,与京东电商平台合作的形式,为新生提供了洗化、文具、书籍等 9 个品类共计 400 种商品和超低价"1 元暖心好物"供学生自选,实现了爱心礼包物资的个性化定制。

3. 疫情防控专属物资"有层次"

针对疫情防控不同阶段的特点,在精准摸排学生困难需求的基础上,面向不同群体,分层分类做到精准资助。设立专项补助金,发放临时困难补助 37.5 万元。关爱留校学生,发放 4.19 万防疫补贴。复学前,为 8 000 余名返校学生发放防疫爱心包;为返校的湖北籍学生发放慰问品;分批次发放核酸检测补助和 120 救护车补助 20 余万。同时发放手机流量补贴,保障家庭经济困难学生线上上课,使他们健康生活、安心学习。

4. 洪涝灾害专项资助"有响应"

2021 年暑期,面对河南洪涝,天津大学对家庭经济困难的受灾学生发放了受灾补贴。对于还未入学的新生,由辅导员联系学生了解受灾情况,组织申请困难补助。

5. 水果工程守护健康"有传统"

2002 年,天津大学健康工程(后更名为水果工程)正式启动。近二十年来,水果工程于每年春秋两季为学子免费发放水果并开展一系列趣味活动。

6. "爱心屋"让爱心奉献"有回响"

建设"爱心屋",上架学生日常所需学习用品、电子产品、求职正装等货品,实施学生志愿服务时长兑换爱心币、爱心币兑换奖品爱心互动模式,拓展有偿资助项目,实现成长—回馈—激励—再回馈的良性循环。

(二)"全周期"精神帮扶链条

围绕资助育人体系建设,结合不同学生成长需求和不同群体发展方向,从思想引领、榜样示范、素质拓展、成长保障四个方面,构建"阶梯化"的初阶、中阶、高阶培训平台,让每个家庭经济困难学生共享发展机遇(图3-1-1)。

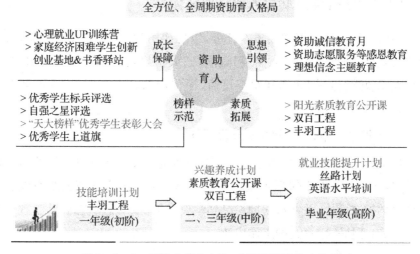

图3-1-1 天津大学全方位、全周期资助育人格局

1. 搭建思想领航平台,引导学生践行社会主义核心价值观

通过设立资助诚信主题教育月、"我向祖国表心声"主题教育月,举办中秋慰问、冬装发放、爱心课堂等活动,引导学生饮水思源、感恩奉献,增强学生社会责任感。

2. 搭建榜样示范平台,引导学生追求卓越

通过自强之星评选、优秀学生标兵评选、优秀学生表彰大会、优秀学生事迹报告会等,加强优秀学生典型选树。深化"奖学金+"理念,营造"比学先进、追求卓越"的良好校园文化氛围。

3. 搭建素质提升平台,促进学生全面发展

实施一年级技能培训计划,依托"丰羽工程"提供各类技能特长培训;二三年级兴趣养成计划,开设钢琴、吉他、街舞等39门素质教育公开课和双百工程,提供各类文艺兴趣培训;毕业年级就业技能提升计划,开设"丝路计划",开展英语水平培训,从人文素质、国际竞争力等方面为学生提供免费提升通道。

4. 搭建成长保障平台,为学生发展保驾护航

通过设立学业辅导岗帮助学生解决学业困难,每年受益2万余人次,举办"UP训练营",打造精品课外教育课程,着力提升学生心理素质和就业竞争力。

三、中山大学构建资助育人质量评估体系[①]

中山大学围绕立德树人根本任务,以思想引领、学业发展为导向,探索构建"助学护航—奖学领航—拓展远航"三大模块资助育人评估机制,对资助育人成效进行定期评估和跟踪反馈,深化资助育人内涵,提升资助育人水平。

(一)助学护航,夯实学生成长发展基础

中山大学建立健全从学生入学到毕业全流程、全方位覆盖的助学工作体系,为学生安心求学保驾护航,"不让一个学生因家庭经济困难而失学"。设置助学护航模块,关注从获助情况到学业发展、从思想状态到升学就业的各个环节,评估资助育人的工作成效。

1. 建设内容

定期组织开展面向学生的资助培训,帮助学生全面了解资助政策。通过培训,学生可以清楚地了解资助政策的内容、申请流程以及权利和义务,提高他们的资助意识和自我管理能力。

畅通家庭经济困难学生的求助反馈渠道和资源获取渠道。建立健全的反馈机制,确保学生能够及时反映困难和问题,并提供必要的支持和帮助。同时,积极引导学生主动寻求资源,例如就业机会、奖学金等,提升他们的自助能力。

综合利用走访家访、数据分析和谈心谈话等方式,科学、合理地设置认定标准,精准认定家庭经济困难学生。通过对困难家庭的走访和家访,了解其家庭的真实情况,结合数据分析和个人谈话,准确判断学生的经济状况,确保资助资源能够准确地分发给真正需要的学生。

建立工作台账,实行"一对一"跟进家庭经济困难学生个案情况。建立

---

① 中山大学构建资助育人质量评估体系,大力提升资助育人成效. http://www.xszz.edu.cn/n38/n52/c6514/content.html.

学生档案,记录每个家庭经济困难学生的情况,包括经济状况、资助申请情况等。通过"一对一"跟踪和指导,及时掌握学生的需求变化,提供个性化的帮助和支持,确保资助政策能够真正起到帮助学生的作用。

在助学金评选环节,积极开展激励性教育和感恩教育,旨在培养学生对党、国家和社会主义的热爱和认同。通过讲授一些励志故事和成功案例,激发学生的进取心和奋斗意志,鼓励他们追求个人成长的同时为社会做出贡献。

在助学贷款工作环节,重点进行诚信教育和金融常识教育,以培养学生的法律意识和风险防范意识,以及契约精神的涵养。通过宣传守信用、守法律的重要性,并提供金融知识的培训,加强学生对贷款合同和还款责任的理解和认知,使其形成良好的借贷和信用习惯。

在勤工助学活动中,注重培养学生艰苦奋斗、自力更生的进取精神和劳动习惯。通过组织学生参与各类勤工助学岗位,让他们亲身体验劳动的辛苦和价值,培养他们勤劳、坚韧的品质,以及珍惜劳动成果的意识。

在家庭经济困难学生就业帮扶工作中,重点关注培养学生正确的成才观和择业观。通过提供基层就业机会、应征入伍学费补偿、贷款代偿等资助项目,帮助学生解决就业问题,并引导他们树立正确的成才观,明确自己的职业规划,树立正确的择业观念。

2. 质量标准

质量标准包含以下几方面:经济困难学生获得资助覆盖率,家庭经济困难学生中党员、入党积极分子比例,家庭经济困难学生获得奖学金的比例,家庭经济困难学生选择深造的比例,家庭经济困难学生就业率。

3. 育人成效

2019年,中山大学保障4 000余名家庭经济困难本科生在校安心求学,实现资助100%覆盖率。家庭经济困难学生思想状况良好,2019年家庭经济困难本科生中党员和入党积极分子和获奖学金占比均高于全校平均比例。家庭经济困难学生"学在中大,追求卓越",2020届家庭经济困难本科生70%选择了升学深造。

(二) 奖学领航,激励广大学子追求卓越

中山大学正在推进资助模式的转变,从单纯的"经济资助"向多元的"资助育人"方向发展。在资助工作中,中山大学始终将培养学生作为工作的核心任务,旨在通过奖励和引导来促进学生的学习和成长。为此,中山大学设立了奖学领航模块,重点评估获奖学生在思想进步、学业发展和社会作用等方面的表现。通过设立奖学领航模块,中山大学更加关注奖学金的重要性,以此来激励学生。通过对获奖学生的评估,包括他们的思想进步、学业发展和社会作用等方面的情况,中山大学能够直观地了解学生的个人成长状况,并提供相应的引导和支持。

1. 建设内容

中山大学根据学校人才培养目标,定期修订本科生素质综合测评实施细则。同时,建立了完善的奖学事务规章制度,并积极宣讲奖学金政策,引导学生正确理解政策内容和评选规定。在奖学金评选和发放环节,坚持以资助育人为导向,全面考察学生的道德品质、学习成绩、创新发展和社会实践等多个方面的综合表现。努力营造"以奖促学"的氛围,让获奖学生自觉追求升学深造,并鼓励他们积极向党组织靠拢。

2. 质量标准

对于中山大学本科生而言,奖学金资助的比例相当可观,该比例高于全国平均水平,从而有助于更多优秀学生获得经济支持。

同时,值得一提的是,获奖学生中党员、入党积极分子所占比例相对较高,这反映出学校在引导学生加入党组织、深化理论学习以及参与社会实践方面取得了不错的成果。

此外,获奖学生选择深造的比例很高,表明他们对进一步提升自身素质和知识水平有着强烈的意愿。学校鼓励并支持学生进行硕士研究生或者博士研究生的学业深造,为他们提供更广阔的发展空间。

最后,中山大学重视获奖学生的先进事迹宣传工作,通过各种渠道和途径广泛宣传他们的先进事迹。这不仅是向全校师生传递正能量的方式之一,也是激励其他学生积极向上、勇攀高峰的榜样引领。

3. 育人成效

2019年,中山大学面向本科生发放奖学金约3 500万元,奖励本科生累计过万人次,激励学子奋发学习、刻苦钻研。获奖学生拥护党的领导,热爱社会主义中国,2019年全校获奖学金本科生中党员和入党积极分子占比显著高于全校平均水平。

（三）拓展远航，推动学生更高质量发展

中山大学构建国家资助、学校奖助、社会捐助、学生自助"四位一体"的发展型资助体系，推动资助理念从"保障型"向"多元化、发展型"资助转变，促进学生全方位、高质量、可持续发展。设置拓展远航模块，在横向上评估学院资源拓展的广度和力度，在纵向上评估其资助育人的深度和效度。

1. 建设内容

为了支持学生发展，中山大学采取了多种措施。

首先，学校积极调动校友资源，与企业和校友合作，通过各种方式广泛募集资金，争取他们的爱心捐助，确保奖学金资助的来源，从而为学生提供经济援助。

其次，根据不同学科和专业的特点，设立了院级奖助项目，确保资助覆盖更广泛的学生群体。这样，学生能够根据自身的特长和兴趣申请适合自己的奖学金项目。

此外，整合"实习实训、就业创业、实践锻炼"等资源，为学生提供更多实践机会和锻炼平台，培养他们的实际能力和创新创业精神。

在资助育人方面，将"扶困"与"扶智"、"扶困"与"扶志"相结合，通过选树典型、展现学子风采、讲述好人好事的方式，召开优秀学生表彰大会，形成物质帮助、道德浸润、能力拓展和精神激励相融合的长效机制。

总之，中山大学采取积极的举措，通过充分的开源节流和资助育人机制的建立，为学生提供广泛的资助支持，帮助他们实现升学深造和个人发展目标。

2. 质量标准

关于院系级奖助学金的情况，设立了多个奖助项目，以满足学生的不同需求。这些奖助学金由院系资助委员会负责管理和发放，确保公平、公正原则的执行。

在评选奖助学金的过程中，注重挖掘学生的先进事迹，并将其进行宣传。通过校园媒体、新闻报道、校园活动等渠道，向全校师生广泛宣传获得奖助学金的学生的先进事迹。

3. 育人成效

中山大学大力营造"以奖促学"的浓厚氛围，设立校级励志卓越奖学金，每年资助200余万元支持家庭经济困难学生升学深造,激励学生提高学术水平和学历层次,从根本上阻断贫困代际传递。学校各二级学院广泛争取企业、校友的爱心捐助,2019年,全校共23个院系设立了院系级奖助金,资助金额约400万元。近三年累计资助近800名家庭经济困难学生赴国(境)外短期学习,通过赴国(境)外一流高校游学,正确认识世界和中国发展大势,正确认识中国特色和国际比较。中山大学围绕"德才兼备、领袖气质、家国情怀"人才培养目标,弘扬"学在中大,追求卓越"的优良校风学风,创新工作模式,健全质量体系,定期对学院(系)资助育人成效实施评估,着力提升资助育人实效。学校深化"放管服"改革,在充分发挥学院(系)办学自主权、激发办学活力的同时,落实学院(系)人才培养主体责任,实现学院(系)与大学同心同德、同向同行,为党育人,为国育才。

四、特色资助育人案例

(一) 学生社团:受助反哺,传递爱心[①]

华东师范大学数学系1995届校友、上海市菁英教育集团董事长王德站曾经是一名受助学生,他常怀感恩之心,完成了爱心的接力。从2016年3月开始,王德站向华东师范大学累计捐赠225万元助学金,用于资助数学科学学院和物理与电子科学学院的家庭经济困难学子,帮助他们圆求学梦。王德站向学校基金会捐赠设立了"菁英学生卓越发展基金",为同学们的全面发展提供了更多资源和机会。为了传递爱心,回馈社会,2016年5月,在学校教育发展基金会的支持下,获得"菁英奖助学金"的受助学生自发成立"菁英翱翔社"。在数学科学学院老师的指导下,"菁英翱翔社"的同学们利用暑假先后赴贵州省铜仁市、重庆市綦江区、江西省赣州市、云南省寻甸县等地开展暑期支教活动,并组织开展了"泾彩课堂""非常数学云课堂"等社区公益活动,通过讲述数字背后的奇妙世界,提高小朋友对数学的兴趣,增强他们的逻辑推理能力。同学们在服务社会的过程中贡献了自己的智慧和力量,锤炼了自己的品格与意志。

---

① 华东师范大学菁英翱翔社:受助反哺,传递爱心. http://www.xszz.edu.cn/n38/n52/c6589/content.html.

(二)节假日、季节性送温暖

1. 南京航空航天大学"寒冬五送"①

为了帮助家庭经济困难的学生渡过寒冷的冬季,南京航空航天大学每年冬天都会采取一系列措施为学生来提供温暖和支持。通过发放返乡补贴、开展"寒冬五送"活动,从多个方面入手,为学生提供全方位的支持。这包括物质资助、精神激励等方面,提升学生的幸福感和获得感。

送一份爱心能量早餐。2020年12月份,学校便联合后勤集团每天准备600份爱心早餐,6点半开始,在三个校区六个食堂的指定窗口免费发放。爱心能量早餐不仅为考研学生加油助力,更是给所有早起奋斗的学生注入暖心的励志能量,同时也是给贫困学子的一份隐性关怀。

送一批励志榜样。"校长有约"领航沙龙邀请校长与校长特别嘉奖获奖同学互动交流、共话成长。"榜样·对话"既有面向全校同学的优秀学生事迹报告会,也有各学院依据学院特色、学生需求自行开展的交流会、主题沙龙、云课堂、微视频等,共开展50余场,覆盖学生六千余人。"榜样面对面"则是致力于打造同学与学生榜样日常交流的小微平台,由榜样学生确定时间、地点、形式,其他同学通过网络报名参加。通过开展榜样育人系列活动,激励更多学生学榜样、做榜样,从身边的榜样身上汲取力量、笃志前行,不断扩大榜样教育的覆盖面和影响力,充分发挥榜样育人作用。

送一份家的味道。冬至日,面向全体学生,尤其是家庭经济困难学生开展"情满冬至、爱在南航——五湖四海的'饺饺'者"冬至感恩主题活动,活动报名链接发布后一天内就有300余名同学报名,经过大数据筛选优先满足了家庭经济困难学生参与活动的需求。活动中有"竞速组""创意组"等包饺子比拼,也有古琴演奏等精彩节目,现场气氛热烈,其乐融融,在寒冷冬季让同学们在劳动的过程中品尝家的味道,感受集体的温暖和学校的关爱。

送一份返乡补助。每年学校都会为家庭经济困难学生发放返乡补助。2021年南航不仅加大了资助力度,同时还根据区域和家庭经济困难程度进行分档并制定补助等级,做到精准发放返乡补助。一份独特的冬日返乡补贴,减轻了学生回家过年的交通费用压力,受助学生也表示会珍惜与家人们

---

① 南京航空航天大学"寒冬五送"让资助育人暖心入心. http://www.xszz.edu.cn/n38/n52/c6554/content.html.

的团聚时光,常怀感恩之心,努力学习,用实际行动回报社会。

送一份冬日补贴。在春节前,学校为特殊困难学生,如孤儿、残疾学生、军烈属子女、优抚家庭子女以及建档立卡户等提供冬季温暖补助,并采取便捷的方式将补助直接发放到他们的银行卡上。学校在发放补助之前并没有要求学生填写申请表,而是通过已有的资助信息数据库,结合辅导员核实学生日常学习生活基本情况,直接为特殊困难学生送去温暖。在保证精准度的科学手段下,学校充分尊重学生的自尊心,给予他们必要的隐性关怀。

"寒冬五送"活动是南京航空航天大学资助育人的重要载体之一,体现了精准资助与隐性资助的结合,物质支持与精神激励的结合,暖心关怀与品格塑造的结合,为家庭经济困难学生成长成才提供了保障和助力。此外,南航还通过面向受疫情和洪灾等影响的学生发放各类临时困难补助,提供20G免费流量和通讯补助,在绿色通道为困难新生发放生活补助等方案让资助更精准、更及时;通过搭建校内外勤工助学平台,开展评优评奖公开答辩周和诚信感恩、"助学·筑梦·铸人"主题教育等活动让资助育人更深入、更有效。

2. 东北大学"十个一工程"

东北大学围绕家庭经济困难学生实际学习和生活需求,发掘社会资源,创新工作举措,从学生学习生活点滴细致关心学生所需,启动了"资助微心愿·标准照/理发"爱心活动。该活动作为启航计划"十个一工程"组成部分,以按需资助、隐性关怀、素养提升为准则,合力打造集德智体美劳"五育一体"资助育人生态圈。"十个一工程"即一个爱心礼包、一张爱心饭卡、一张来/返校车票、一套标准照、一张理发卡、一份防疫物品、一场励志讲座、一套辅导课程、一场艺术赏析、一本励志书籍。

3. 南京大学"一路暖阳专项"

南京大学的"一路暖阳专项"是学校旨在为家庭经济困难学生归家团圆送上温暖的重要精准资助举措。面向全体家庭经济困难新生、高年级家庭经济特别困难学生设立回家路费,赠送自南大学子中征集的春联及定制的南京特产,包括回家路费、新年春联、"福"字、给家长的慰问信、定制的南京特产等。自2017年设立以来,总计资助1 635名学生路费,赠送1 102名学生春联、"福"字及特产,金额逾83万元。

(三) 隐性资助:"云端爱心屋"[①]

"云端爱心屋"是华东师范大学与京东集团合作,通过学生自主选择商品,由学校统一结算的"你下单、我买单"模式。学校依托"云端爱心屋"的智能管理模式,提前向办理新生绿色通道的学生发放价值600元的虚拟积分,学生通过"云端爱心卡"的账号和密码,可在5 000余种商品中自由挑选、自选地址,打破了传统模式下"固定时间、固定地点"领取的局限性,在学生到校之前就能根据需求选择购买自己需要的物品。这一资助模式得益于全流程的线上化,学生个人隐私也得到进一步保护,使其能够更安心地享受学校的关怀。

此外,"云端爱心屋"项目还包括"京东爱心专柜"、"助力扬帆实践基地"、"走进名企"人才培养项目等。

(四)"苏乡永助"主题活动

2020年江苏省教育厅办公室组织开展了"苏乡永助"资助育人主题活动。

1. 活动要求

教育厅紧紧围绕"立德树人"这一根本任务,以"苏乡永助"为主题,以扎实的资助工作为基础,引导青年学生树立正确的世界观、人生观和价值观,着力培养受助学生社会主义核心价值观和自立自强、知恩感恩、勇于担当的良好品质,让受助学生同样享有人生出彩的机会,成为担当民族复兴大任的时代新人,成为德智体美劳全面发展的社会主义建设者和接班人。同时,推动各地各校进一步加强资助育人工作,广泛宣传学生资助政策与成效,积极围绕活动主题组织开展弘扬主旋律、传播正能量的资助育人活动,探索构建富有江苏特色的资助育人体系。

2. 活动主要内容

资助政策宣传。政策宣传要把握"招生时、报到时、毕业时"三个关键时点,覆盖"社会、家庭、学校"三个层面,融合"线上、线下"两条主线,选聘优秀的受助学生作为资助政策宣传大使,积极动员校内外各方力量,开展"资助

[①] 华东师范大学开启"绿色通道爱心启航计划". http://www.xszz.edu.cn/n38/n52/c6604/content.html.

政策我来说""资助政策乡村行""资助政策进社区"等活动,进一步加大资助政策宣传力度,扩大社会宣传面和群众知晓度,及时解除家庭经济困难学生的后顾之忧。

短视频、短音频征集活动。以弘扬社会主义核心价值观、宣传各学段学生资助政策、展现当代学生在国家资助政策激励下成长成才为主题,开展短视频和短音频征集活动。各地各校积极推荐符合条件的作品。省里将组织专家对选送作品进行遴选,并将优秀作品用于全省学生资助系列宣传活动中。

主题书法活动。书法活动反映党的十九大以来学生资助取得的成效,以迎接建党一百周年为契机,突出"助学、筑梦、铸人""资助育人""苏乡永助"等主题,格调高雅、创意新颖。

资助育人好故事征集。各地各校要充分挖掘一批热心帮扶家庭经济困难学生的好老师,通过事迹再现歌颂师者仁心,在传道授业解惑的同时,赠人玫瑰手留余香,将新时代的温暖带给受助学生。

推荐"江苏励志成才之星"。为激励广大受助学生奋发自强、立志成才、感恩奉献,构建"全方位、全过程、全员参与"的发展型资助育人体系,全省组织开展"江苏励志成才之星"推荐活动。以榜样的事迹感染人、榜样的行动引导人,真正让广大受助学生学有榜样、行有榜样。

五、江苏陶欣伯助学基金会[①]

(一)基金会简介

江苏陶欣伯助学基金会是由新加坡著名实业家陶欣伯先生在其故乡南京创办的一家非政治、非宗教的非公募基金会。陶欣伯先生及其夫人刘光藜女士是基金会的捐赠人。基金会创办于2006年,是一家通过江苏省民政厅认定的专注于高校资助育人工作的4A级基金会。

教育和创业是带动我国农村地区经济社会发展的双翼。基金会坚信助学项目工作超越慈善工作,始终关注乡村地区的有志青年,帮助他们完成大学教育,用切实的步骤架起连接乡村和城市的桥梁,为我国的乡村建设培养人才。

---

① 江苏陶欣伯助学基金会官网. https://www.tspef.org.

基金会倡导和践行"资助育人"理念,积极发挥社会组织在政府及高校助学体系中的拾遗补缺作用,积极探索以经济赋能、心智赋能、学业赋能、实践赋能和创新创业赋能五项赋能为特点的"发展型助学模式"的理论研究和项目推动,与合作院校协同培养和提升陶学子的"认知力、学习力、沟通力和创新力",将他们培养成人、成才。

教育是消除贫困的有效途径,而创业创新是社会发展的动力;资助陶学子完成大学学业只是鼓励他们服务中国乡村建设的第一步。基金会还积极整合项目合作院校与社会资源,包括受惠于陶欣伯奖学金赴哈佛大学商学院和斯坦福大学商学院深造回国的"陶学者"资源,搭建陶学子创业教育和支持生态体系,开展创业项目,提供培训、指导、资金等资源,帮助有志创业的陶学子形成切实可行的创业计划,鼓励和扶持他们回乡创办商贸和服务型企业,支援其家乡的建设。

基金会与新加坡管理大学密切合作,量身定制"伯藜—新加坡管理大学乡村创业课程",通过为期四周的强化学习,进一步提升陶学子的创业知识和能力,拓展他们的国际视野,加速培养"陶创客";同时邀请新加坡有志创业的大学生来华探访创业企业、创新工场和创业孵化器,搭建中新两国创业青年交流合作的渠道。

(二)资助育人项目

1. 伯藜助学金

基金会持续开展以"资助贫困有志,奖励品学兼优;鼓励回乡创业,服务基层社会"为宗旨的公益慈善工作。与江苏省内22所项目合作高校合作设立"伯藜助学金"(一助四年),资助来自农村地区的贫困有志且品学兼优的大学生,帮助他们减轻在校生活负担,助其顺利完成大学学业(表3-1-1)。"伯藜助学金"的获得者称为"陶学子"。伯藜助学金年度资助规模为4 500人左右,金额为每人每年5 000元,资助政策为"一助四年"。截至2021年12月,已经累计资助学生1.3万名,资助总金额2亿元,覆盖了29个省、直辖市和自治区。基金会鼓励陶学子们组成以"自助、互助、助人"为宗旨的学生社团"伯藜学社",并依托此平台开展项目制活动,集济困助学、赋能增识和创新创业于一体。

表 3-1-1　伯藜助学金合作高校名单

序号	学校名称
1	东南大学
2	淮阴工学院
3	淮阴师范学院
4	江苏大学
5	江苏经贸职业技术学院
6	江苏科技大学
7	江苏师范大学
8	南京工业大学
9	南京理工大学
10	南京林业大学
11	南京农业大学
12	南京师范大学
13	南京特殊教育师范学院
14	南京晓庄学院
15	南京医科大学
16	南京中医药大学
17	南通大学
18	泰州学院
19	徐州医科大学
20	盐城工学院
21	盐城师范学院
22	扬州大学

2.领导力培训

（1）伯藜学社骨干领导力培训

"伯藜学社"是由陶学子自发组成的非政治性、非宗教性的学生社团，接受项目合作高校的学工处和共青团的共同指导。"伯藜学社"以求真务实、品学兼修、创新创业、服务社会为宗旨，开展各项自助、互助、助人等活动。

伯藜学社骨干领导力培训项目是为项目合作院校伯藜学社新晋骨干量

身定制的培训课程,旨在通过课程学习提升学社骨干的领导力,推动伯藜学社更好的发展。该课程目的是:影响思维、提升认知;突破自我、展现自我;促进交流、互相学习;提升自我、服务社团。该项目分期分批对22所项目合作院校的新晋骨干进行轮训,每年举办4期,每期参训院校为5~6所。培训课程包括开班讲话、高效开会、素质拓展、分工协作、冲突管理、人际关系、时间管理、当好骨干、项目管理等。

(2) 社长交流会

社长交流会是伯藜学社骨干领导力培训项目的进阶课程,旨在通过交流会的形式,搭建交流互助的平台,促进社长间交流和分享社团活动及管理经验,针对社长在社团管理的需求,通过针对性的课程,为社长提供赋能培训,从而提升社长社团管理的综合能力,带领陶学子将伯藜学社做得更好,把陶学子培养成有梦想的积极行动者。社长交流会分别在秋季和春季学期举行,主题确定为"赋能、成长"和"传承、交流"。

3. 活动项目

(1) 校园文化活动

基金会鼓励陶学子以伯藜学社为载体开展各类"自助、互助、助人"的校园文化活动,校园文化活动项目以项目制的管理方式,旨在通过开展各类活动锻炼和提升陶学子的综合能力。项目类别分为学业类、心理类、公益类、创业类、社团联谊或素拓类、社会实践或调研类等类别的活动,单个项目立项支持金额原则上不超过2 000元,项目周期为期一年。

(2) 假期社会实践

假期社会实践项目通过项目制形式,让那些有意愿参与假期社会实践的陶学子,利用假期时间,走进广袤的乡村地区开展伯藜支教、社会调研、志愿服务等形式的实践活动。在社会实践的过程中,让陶学子更好地接触社会、了解社会,服务社会,从而达到锻炼能力、提升自我的目标。

(3) 伯藜支教

伯藜支教项目是一个由基金会发起、学校负责指导、陶学子自主开展的公益服务项目。该项目的使命是:希望通过支教这种活动形式全方位提升陶学子的能力,通过支教的契机让山里的孩子们可以看到外面的世界,给他们一片看得到的天空。

(4) 伯藜杯辩论赛

伯藜杯辩论赛是一项由该基金会在22所项目合作院校中发起的联合赛

事。作为基金会"发展型助学模式"五大赋能中"心智赋能"的重要载体,通过辩论这种活动形式促进陶学子突破自我、提升能力;通过辩论赛的平台,促进兄弟院校相互交流,展现陶学子的青春风采。

(5) 伯藜之星评选

伯藜之星评选活动是为践行基金会"资助贫困有志,奖励品学兼优;鼓励回乡创业,服务基层社会"的宗旨,在项目合作院校陶学子中开展的评选活动,是该基金会授予陶学子的最高荣誉称号统称。伯藜之星评选分为三个类别:"励学之星""励志之星""励行之星"。该项目通过充分展现陶学子的青春风采,树立陶学子先进典型,激励广大陶学子自立自强、奋发进取,引导更多的陶学子向身边的榜样学习。

(6) 伯藜沙龙

伯藜沙龙是由基金会发起,为陶学子所开设的主题沙龙活动。沙龙邀请社会各行业人士,给受助学生带来关于人生、教育、科技、就业、文化等多方面的分享,以期为他们拓展视野、增长见识。

自2015年3月起,伯藜沙龙分享的内容涉及新知科普、人生百态、创业须知等等,诸如"南极旅行分享""花开的声音音乐思享会""无人机科技""中国谐音吉祥文化趣谈""美国大学社团管理经验讨论会"等内容获得了学生们的广泛好评。

(7) 心智赋能

心智是心理和智能的结合,心智模式就相当于每个人人生的操作系统或者发动机。根据陶学子反馈的心智方面需求,基金会组建心智赋能研究小组,开展相关理论研究,并邀请相关专家开展心智赋能试点项目。心智赋能项目旨在帮助陶学子认识自我、建立自我、成为自我。

4. 创新创业

为了践行陶欣伯先生"乡村地区,有志青年,成才成业"的夙愿,秉持基金会"资助贫困有志,奖励品学兼优;鼓励回乡创业、服务基层社会"的宗旨,江苏陶欣伯助学基金会鼓励"陶学子"积极融入创新创业大潮,为大学生个人发展探索新的路径。联合有公益心的杰出社会人士以及"陶学者",搭建"创业教育和支持生态体系",培养有理想、有创业精神的陶学子。通过创业认知、创业规划、创业扶持三个阶段多个项目,为有创业意向的陶学子赋能,提升个人竞争力,发现和培养优秀创业种子,扶持"陶创客"的发展。各项目活动有机结合,系统且进阶式地实现激发创业热情,提升创业认知,丰富创业知识,培养创业能力,强化创业实践以及扶持项目孵化的目标。

(1) 认知阶段项目

生涯分享会:基金会邀请生涯规划师、陶创客走进项目合作院校的大学校园,通过职业规划讲解、测评问卷、朋辈经验分享等方式帮助陶学子了解自我,发现自己的可能性,找到方向并形成生涯规划,并思考大学四年该如何度过,也为有创业兴趣和意愿的陶学子提供创业发展的新视角。

伯藜讲堂:基金会邀请陶学者、创业导师、企业家、陶创客等嘉宾走进项目合作院校的大学校园,分享关于自我实现、职业规划、创业知识、创业经历的主题,从而激发陶学子的创业热情,帮助他们提升自我认知和创业认知。

企业参访:基金会组织来自22所项目合作院校的陶学子到公司企业参观访问,通过实地观察,以及与企业负责人、管理人员、创业者等各类职业人士交流互动,拓展陶学子的商业视野,让有创业意向的陶学子了解相关行业发展趋势、企业文化和运作模式,增加实训实习机会。

(2) 规划阶段项目

伯藜创业营:基金会每年暑假期间举办伯藜创业营,为期5~6天,旨在帮助陶学子提升商业思维和创业认知,产生创业点子并形成切实可行的创业计划,面向有意愿提升商业思维、创业认知,学习创业知识并完成一份优质创业计划的陶学子,通过为期一周的培训学习和实践环节相结合的模式感受创业的乐趣。

伯藜创业计划大赛:伯藜创业计划大赛面向在校以及毕业陶学子,按照自愿参加的原则,经过陶学子自由组队以团队形式参加比赛、学校推荐项目、初赛、决赛等环节选拔出优秀的有志于创业的陶学子以及可行性和商业价值较高的创业项目,大赛为优秀项目设置启动资金以鼓励支持实践。

伯藜创业菁英班:伯藜创业菁英班邀请创业导师及专家授课培训,面向有商业或创业实践的陶学子,以期进一步丰富创业陶学子的创业知识、让他们掌握创业的相关理论与实践,培养创业能力,进一步完善创业项目。

(3) 扶持阶段项目

伯藜创业导师项目:伯藜创业导师项目是为培养扶持有创业潜质的陶学子、提高陶学子的综合能力而设立的项目。结合"陶学者"的资源优势,邀请有公益心的杰出社会人士成为创业导师,组织志愿导师为"陶创客"提供线上答疑和线下一对一的辅导。例如,线下辅导以导师下午茶的形式开展,旨在帮助陶创客挖掘创业潜能,提高创业能力,优化创业项目。

第二节　我国高校资助育人的困境

一、资助工作缺少育人意识

资助育人是学校"三全育人"理念的重要组成部分。然而,在实际情况中,存在一种将资助和育人对立起来的观念。这种狭隘的认识会使得资助工作陷入两难的境地:一方面,资助工作过程中缺乏道德教育的注入;另一方面,单纯依赖物质的方式开展道德教育,这是一种形而上的思维方式。在高校的资助工作中,有时会过度强调物质的重要性,有意无意地忽略了思想政治教育的重要性,这是市场经济影响下的极端功利化表现。

唯重视物质的资助模式容易忽视受助学生的思想道德状况,导致资助变得庸俗化,学生也可能陷入低俗化的行为中。甚至有时候,原本承载教育意义的资助活动反而会消解学生美好品德。深层次的原因是高校缺乏对"三全育人"理念的充分认识,只顾谈论资助或者思想政治教育,这是一种形而上的思维方式。

资助育人在现实中具有重要的意义,然而部分高校却缺乏对"三全育人"理念的充分认知。由于部分高校在人力、物力和财力方面存在一定程度的不足,很难有效地实现全员育人的要求,因此在资助的过程中也很难达到培养和教育学生的目标。

(一) 道德教育不足

高校资助育人工作需要更加注重道德教育。尽管国家在资助经济困难学生方面不断增加投入和覆盖范围,有效解决了他们上学的经济问题,但在实际操作中,高校资助育人工作面临新的难题,即道德教育的缺失现象。目前的资助工作往往只限于经济层面,而忽视了道德层面的资助,缺乏对道德价值观的渗透和培养,无法提供感恩教育、诚信教育、励志教育等后续教育的引导。这导致贫困学生的物质生活得到改善,但道德教育却有所欠缺,甚至出现极少部分学生没有按照协议规定的期限和数额归还国家助学贷款,这些行为严重影响他们的信用纪录和贷款信誉。一部分受助学生缺乏感恩意识,在社会转型时期受到拜金主义、享乐主义、极端个人主义和历史虚无主义等错误思潮的影响,过度追求物质生活的富裕,却忽视高尚的精神生活。这进一步导致他们过度关注经济利益,忽视道德修养。他们感恩意识淡薄,缺乏表现感恩的行为。此外,还有部分受助学生缺乏自强意识。他们更倾向于接受无偿资助,如国家助学金和社会资助,而忽视有偿资助,如国家助学贷款和勤工助学。因为后者不像前者那样受欢迎,对后者的偿还也没有前者那么轻松。久而久之,这容易使他们养成"光伸手,不动手"的惰性思想,缺乏自我奋斗的意识和愿望。

(二)综合能力培养缺位

综合能力培养是高校资助育人工作的关键所在。尽管我国在高等教育阶段已经建立了学生资助政策体系,有效地解决了经济困难家庭学生因学致贫或返贫的问题,确保每个学生不因家庭贫困而失去接受教育的机会,然而,仅仅通过提供物质帮助来解决经济困难还不足够,这些学生还面临着其他方面的问题,如综合素质不高、社会资源匮乏、心理适应能力不足和就业竞争力不足等。

家庭经济困难学生通常来自经济欠发达地区,加之其父母文化程度较低,他们受到多种因素的影响,如经济条件、家庭背景、教育资源和成长环境等,所以他们面临的问题不仅仅是经济困难,还有由经济困难导致的能力贫困。能力贫困包括综合素质较差、职业发展能力不足、就业竞争力差和就业质量低等方面。学校在提供经济资助的基础上,重要任务是如何消除困难学生的能力贫困,实现从物质帮助向能力发展的转变。

一些受助学生可能存在学习能力不足的问题,由于家庭经济状况的限制,他们接触到的教育资源相对较少,学习方法也相对单一和机械,完成学业主要依赖机械性的学习方式。此外,一些受助学生的交往能力不足,由于长期处于生活焦虑和紧张不安的状态,他们可能不愿意参加社交活动,往往呈现出不合群的特点。当然,部分受助学生就业能力不足,可能的原因是他们的潜力还未完全发挥出来,难以适应市场对人才的需求。

因此,高校资助育人工作需要重点关注困难学生综合能力的培养。除了提供经济资助外,学校还应该注重提升学生的综合素质和能力水平,包括改善学生的学习能力,引导他们采用更有效的学习方法;培养学生的交往能力,提供社交机会和培训;加强学生的职业发展指导,帮助他们了解就业市场,并提供相关的技能培训。通过这些措施,可以帮助家庭经济困难学生充分发展他们的能力,提高他们在社会中的竞争力和就业质量。

二、资助行为制约育人效果实现

资助行为的主体包括资助部门、工作人员和受助学生,目前资助育人效果受到资助行为模式的制约。

1. 资助部门行为程式化,难以精准识别受助对象

高校资助部门的主要工作是有效甄别受助学生。在实际工作中,受助学生的评估标准存在一定程度的程式化特征。不同地区的学生往往会被相同的衡量标准进行审核,而这种方式可能忽略了地区经济发展水平和学生家庭收入差异的影响,缺乏以人为本的关怀,具体表现如下:

(1) 在认定依据上,我国还没有建立全国层面的信用数据库,学校难以掌握每一位学生的实际家庭经济状况。学校认定资助对象的主要依据是学生本人提交的证明材料,部分学生提交的证明材料不够真实和准确,影响了认定的精准性。以前高校学生在申请资助时,要求家庭所在地的乡、镇或街道民政部门出具证明学生家庭经济情况的文件,而现在改为申请人书面承诺。这样的调整在一定程度上解决了部分民政部门盖章的不严谨和随意性问题,但同时也对学生的诚信素质和高校认定标准提出了更高、更细、更严的要求。

作为家庭经济困难学生资格认定的主体,高校在实际操作中受到人力、物力、财力等方面的限制,很难对所有申请人的书面承诺进行实地核查和审核。因此,学生需要对自己提供的相关申请材料的真实性和可靠性负有责任。

尽管申请人书面承诺的方式简化了手续和加快了审核速度,但也引发了一些问题。为了保证公平公正,高校可能需要加强风险管理和审核机制,例如建立内部审查流程、加强信息核实和抽查等。同时,学校也应该开展教育和引导工作,提高学生诚信意识,确保他们真实准确地填写申请材料。

总之,转向申请人书面承诺的方式带来了一定的便利性和效率提升,但

也需要高校和学生共同努力,确保资助评估的准确性和公正性。这样才能更好地满足家庭经济困难学生的需求,促进他们平等接受教育的权利。

(2)在认定流程方面,很多高校按照学生申请、民主评议、学校认定的流程进行,存在申请与实际不符的情况。一部分学生虽然家境贫寒,但是自尊心较强、缺乏对资助政策的了解,没有主动申请资助。与之相反,现实中存在个别学生家境良好,但是骗取资助的现象。另外,由于申请材料数量多,资助工作专业人员不足或者素养不够,导致认定结果不准的现象。家庭经济困难学生认定评议小组成员主要包括辅导员和学生代表。在民主评议过程中,评议者容易受主观因素和客观因素的干扰,影响评定结果的公正性、公平性和合理性。

(3)在认定等级方面,我国不同地区经济发展不平衡,学生家庭成员身体健康情况、家庭生活条件、家庭收入等难以量化和审核,这些都进一步影响了学生贫困等级认定的精准度。

2. 资助工作整体专业化水平不高

(1)资助工作人员专业素养不足

高校学生资助工作具有政策性强、工作繁重等特点,需要由专业人员来从事学生资助工作。但是,部分高校没有建立独立的、专业的学生资助工作队伍,从事学生资助工作的人员也存在政策理解不透、流动性大等问题。

(2)法制建设和监管不足

目前,高校学生资助工作的法治建设相对不完善。只有加强法制建设,才能进一步完善制度、精准资助、强化监管,从而促进教育公平的实现。

(3)信息化建设比较落后

有些高校的资助工作缺少专业的数据库、信息化的认定系统和量化的资助标准。很多工作仍处在人工收集和操作的阶段,导致资助工作效率低、精准化程度低、育人效果差等后果。

三是受助学生内驱力不足。受助学生的自我实现需要是资助育人的内部动力。现实中,受助学生多多少少受到物质化取向影响,这容易导致其价值观的扭曲,并制约了高校育人效果的实现。

三、资助育人长效机制尚未健全

一是资助力度不精准。受人力、物力、财力的限制以及制度建设的影响,学校对学生需求的动态响应不充分、不及时,出现了资助力度不精准、难以满足学生需求的现象。

二是思想引领缺位。学生资助工作是社会主义核心价值观教育的重要途径之一,但在实际工作中存在着忽视思想教育的现象,导致部分家庭经济困难学生缺乏自立自强意识,缺乏通过自我努力改变命运的内在动力。

三是育人平台建设不足。建设多元化、立体化的平台,把资助育人的思想融入教育全过程,是实现精准育人的重要途径。但是,高校资助育人平台建设相对不足,功能较单一,方式不丰富[1]。

四、资助育人的协同机制建设有待完善

目前,资助主体的统筹协调存在不足,主要依赖政府、银行和高校,而较少利用社会力量如社会团体、企事业单位和个人等。首先,资助资金主要来源于政府、银行和高校,但这些资金并不能完全解决家庭经济困难学生的资助问题。尽管一些企事业单位为高校学生提供奖助学金,丰富了高校奖助学金模式并形成了一定的社会助学力量,但总体来说,资助资金仍然主要依赖财政资金、国家助学贷款和学校资金。其次,社会并未积极承担相应的责任。随着大数据时代的到来,许多企事业单位面临生存压力增加,为了发展和竞争,它们需要适应时代潮流,积极寻求变革,并探索新的发展模式。然而,一些企业为了追求个人利益最大化,忽视了整体利益最大化,未能履行积极的社会责任。此外,校企合作缺乏长效机制的建立,也未能有效加强企业宣传推广,打造企业品牌效应,这对提升企业的知名度和影响力不利。政府应该鼓励社会团体、企事业单位和个人设立奖助学金,以增强资助主体的主动性和积极性,提高高校资助育人工作的针对性和实效性。这样可以促进更多社会力量参与到高校学生的资助工作中,共同为解决家庭经济困难学生的资助问题贡献力量[2]。

---

[1] 邝洪波,高国伟.新时代高校资助育人精准化工作探究[J].学校党建与思想教育,2021(2):66-67.
[2] 邢中先,张平.新中国成立70年来的高校资助育人:历史演进与现实启示[J].广西社会科学,2019(10):177-182.

第三节　高校资助育人工作实施路径

高校资助育人工作紧紧围绕立德树人根本任务,着眼培养担当民族复兴大任的时代新人。积极培育和践行社会主义核心价值观,广泛开展爱国主义教育、励志教育、诚信教育、感恩教育,提高学生的思想觉悟、道德水准和文明素养,将其转化为学生的情感认同和行为习惯[1]。

一、思政教育

(一) 思政教育现状[2]

首先,高校的思想政治教育导向作用相对较弱。思想政治教育在引导人们的理想信念、奋斗目标和行为方式等方面具有重要作用。然而,在当前多元化的价值文化环境下,国内外各种不同的文化和社会思潮冲击着人们的思想观念,这在一定程度上减弱了主流价值观的引导作用。同时,高校的思想政治理论课存在一定的滞后性,无法有效地应对新兴社会思潮所带来的冲击,因此其在价值导向上的作用相对较弱。当前情况下,高校的思想政治教育在引导学生的理想信念、奋斗目标和行为方式等方面发挥的作用相对不足。面对多元化的价值文化和各种社会思潮的影响,传统的思政理论课程没有及时适应变化,因而在引导学生的价值观方面存在滞后现象,导致其价值导向作用相对较弱。

其次,高校的德育方式缺乏创新。思想政治教育课程被认为是帮助经济困难大学生树立正确义利观的重要平台。然而,目前高校的思政课教材相对缺乏新颖性,教师在授课方式上主要采用传统的灌输方法,部分教师自身的思想意识也比较淡薄,导致高校的思想政治理论课显得乏味。思想政治理论课堂应该是培养学生德育的重要场所,但是贫困生对这门课程的兴

---

[1] 刘丹. 高校资助育人研究[D]. 昆明:昆明理工大学,2020.
[2] 纪维维. 教育公平视域下高校资助育人研究[D]. 无锡:江南大学,2018.

趣不足,在课堂上只是为了完成学业任务而参与,这削弱了高校思想政治理论课对于引领价值观的作用。为了有效引导贫困生的道德情感生成和发展,思想政治教育应当紧密围绕着他们的生活展开,因为生活本身就是一种教育。通过以生活为导向的教育方式,促进贫困生的德育成长。

最后,人文关怀的效果弱化。高校资助育人作为思想政治教育实践育人的重要载体,要紧紧围绕学生、服务学生、关照学生。学生资助的最终目的就是关怀学生的生活,人文关怀是其本质要求。

不忘初心、牢记使命。自党的十八大以来,我国在党中央和国务院的决策部署下,已经建立了一套从学前教育到研究生教育的具有中国特色的学生资助政策体系,充分展现了我国社会主义制度的优越性。党和政府一直高度重视学生资助工作,将关怀、温暖和鼓励传递给每一位来自经济困难家庭的学生。与此同时,家庭经济困难学生更应当自觉地增强使命担当,坚定不移地听党话、跟党走,努力成为社会主义事业合格的建设者和可靠的接班人。

爱国主义教育是思想政治教育的核心内容,然而在实施过程中,由于缺乏有效的传播途径,弘扬爱国主义精神仍然面临重大挑战。高校需要继续努力,找到更好的方式来弘扬爱国主义精神,因为这是一项任重而道远的任务。

(二)思政教育路径

为了使学生在课堂上得到更全面、深入的育人效果,需要充分发挥课堂教学的育人功能,确立"课思政"和"思政课"的理念,全面推进课程育人工作,深入挖掘课程育人的潜力,确保资助育人效果最大化。专业课堂是爱国主义教育的主要途径。高校应紧紧围绕培养社会主义建设者和接班人这一根本任务,不断提升自身实力,努力建成中国特色世界一流大学。

为了培养学生的爱国主义情怀,高校需要将家庭经济困难学生视为爱国主义教育的重中之重,并将爱国主义教育贯穿于整个教育教学过程中,深入推动爱国主义教育进入课堂、教材和学生思维中,加强新时代的爱国主义教育。此外,还应充分发挥思想政治理论课堂的育人功能,因为思想政治理论课堂是爱国主义教育的主要阵地。在学生的成长过程中,特别是青年阶段的关键时期,高校要精心设计思想政治理论课程,引导学生将爱国情怀、强国志向和报国行动融入到对党、对国家、对社会主义的热爱之中,全力培养他们成为担当民族复兴大任的时代新人。

高校要充分发挥课外实践活动的育人功能,整合校内外的实践资源,依托城市社区、农村乡镇和爱国主义教育场所等社会实践基地,扎实推动实践育人工作,有效发挥实践教育的作用,以实现资助育人效果的最大公约数为目标。一方面,广泛组织开展校内实践活动。学校的共青团、学生会、学生社团等组织将把爱国主义教育融入主题党日、主题团日、主题班会等系列活动中。同时,深入开展文明校园创建,让学生了解学校的历史,践行学校的校训,唱响学校的校歌,展示学校的校风,推进个性化的校园文化建设,以加强爱国主义教育的功能。另一方面,广泛组织校外实践活动。学校将动员广大学生参观纪念馆、展览馆、博物馆、烈士纪念馆等爱国主义教育场所,激发他们的爱国热情,振奋民族精神;呼吁学生积极参与支教助医、校园宣讲、学习参观、创新调研、挂职锻炼等社会实践活动,让他们了解国家的现状、民众的需求和社会的发展,勇于担当起时代赋予的责任。

(三) 思政教育案例

东北师范大学秉持"大思政""大资助"工作理念,注重资助育人体系"培根铸魂、启智润心"的价值承载功能,将做好新时代民族工作与建强高校资助育人体系互融互嵌,设计推进了"石榴花"建设工程,持续引领少数民族学生涵养爱国主义情怀,自觉将爱国和爱党、爱社会主义高度统一。[①]

(1) 坚持理论熏陶,夯实"石榴花"思想之基。

组建"同心圆"明理俱乐部,围绕"铸牢中华民族共同体意识"主题,依托励志书院开展民族发展史、边疆建设史、中国反贫困史等理论学习活动,引导各民族学生自学自讲,同时通过微信群等载体推送学习强国、新时代 e 支部等网络学习资源,线下与线上相融合,并帮助学生逐步熟悉应用"零存整取"式学习策略,以克服知识与学习的碎片化,使学生真正内化"石榴籽"精神,生成热爱祖国、坚持民族团结、振兴家乡的文化基因。

(2) 坚持并线资助,助力"石榴花"成长之路。

持续强化对少数民族受助学生的关注、关心和关爱,将解决物质困难与

---

① 东北师范大学扎实推进"石榴花"建设工程 在资助育人体系中铸牢中华民族共同体意识. http://www.xszz.edu.cn/n38/n52/c6628/content.html.

素质提升、心灵慰藉紧密结合,为他们配置充实的物质支持,多年来学校专门开设实施了古尔邦节补助、藏历新年补助、开斋节补助、清真肉食补贴、民族服装补贴等一系列帮扶政策,将党和国家的关怀适时、精准地投注在少数民族学生身上,全力保障少数民族学生专心学习、潜心成长、舒心生活。同时,学校以勤工助学、发展助力基金、素质提升计划等育人项目为驱动,着力培养少数民族学生的全面发展能力,树立学生自立自强、感恩奉献、诚信友善的价值观念,为学生的人生出彩奠基。

(3)坚持行为养成,铸塑"石榴花"信仰之魂。

紧密贴合学生的行为和心理习惯,大力探索富有仪式感、时尚化的育人形式,通过形式多样的实践教育为少数民族学生的人生信仰铸魂养气。学校组建"石榴花"国旗仪仗队,开展日常升旗宣誓等活动,让各民族学生在一次次升旗、护旗、宣誓的过程中,将爱党爱国思想与民族团结意识深植内心;在全国范围发起"青春心向党,共创新辉煌"——各民族青年学子向党致敬等活动,来自全国不同高校的各少数民族学子热烈响应、积极参与,通过学习强国平台以视频接力的形式远程联动,纷纷把心里话讲给党听。

二、学业指导

(一)贫困生学业现状

贫困生由于无法获得优势学习资源、在教学实施过程中参与度较低等原因,在学业上普遍落后于其他学生。

1. 贫困生难以获得优势学习资源

家庭经济状况紧张往往导致学生承受了较大的学费压力,更难以购买学习资料、参加付费培训等。现在,大学学习已经不再是以课堂教学为主体的单一式教学,获得信息的渠道多种多样,线上线下学习、自主学习等新式学习方式已经逐渐被大众接受。贫困生在获取信息这个关键环节是处于弱势地位的,同时受制于紧张的经济条件,难以参加课外辅导班、兴趣小组、培训班等课外学习机构,难以参与游学等多种形式的课外学习实践,不得不放弃报考收取高额费用的各类资格证书,这都导致贫困生在获得学习资源的市场中处于弱势地位。

2. 贫困带来的心理压力

一方面,贫困生会忧心忡忡,担心家庭经济和家人的健康状况。学生担忧父母或祖父母的健康情况,担心家里的各种事务,为了帮助家庭渡过难关,容易萌生退学打工的念头,这严重影响了他们学习的专注度。另一方面,在和同学的相处中,贫困生容易产生自卑或不如人的心理。在同样的学习和生活环境中,同龄人的生活开销标准超出了贫困生能承受的范围。这对于处于成长期的青年来说是极大的心理挑战,需要有强大的内心才能正确调节好心态、融入集体生活中。最后,贫困生迫切希望通过自己的努力,改善家人的生活条件。然而,在严峻的就业形势下,贫困生对自己的未来发展不够自信。

3. 教学过程中参与度低

教学过程是以课程设置为基础、辅以师生互动等具体教学环节的有机过程。

在师生互动中,贫困生由于没有才艺专长、缺乏自信心、内心敏感等原因,容易主动放弃一些与教师互动的机会。这导致贫困生无法得到教师应有的关注,逐渐沦落到学生整体的边缘。

学习成绩是划分学生层次的标准之一。贫困生对于学业的重视程度可能超出其他同学,他们迫切需要用学业优异来证明自己。这种矛盾之下,对贫困生进行学业指导就更有必要了。

(二) 学业指导途径

高校可以为贫困生提供更多学习实践和锻炼的机会,培养他们自主学习的能力,帮助他们迅速适应大学生活,学会在浩瀚的知识海洋里选取自己所需的内容。对于一部分入学初有困难的贫困生,一旦掌握了学习方法,他们学习后劲很足,很多都能够成长为优等生。对于在学业上确有困难的贫困生,则可以采取有针对性的补缺补差方法,对他们进行有效的指导,从而帮助他们顺利完成学业。

开展"互助式"的学业辅导,将"扶贫"与"扶智""扶志"相结合,在对贫困生进行物质帮扶的同时,发挥朋辈引导作用,建立以成绩优异学生为辅导者的帮扶团队,提升他们的学习能力。通过调研了解贫困学生的学习需求和短板,依托师资团队开设礼仪、摄影、演讲等各项课程,从而进一步提升他们的综合能力。

(三) 案例

1. 上海交通大学专项计划[①]

2019年,上海交通大学建立了专项计划——"助飞筑力铸人"资助育人体系,帮助专项计划生(主要包括国家贫困地区专项计划、思源计划等各项计划录取的本科新生)克服困难,在交大实现教育增值。通过入学前系统的课程辅导,筑牢学生大学学习基础;通过系统完备的"校史教育""学业帮扶""专业指导""生涯规划""朋辈支持"等体系,引导学生树立自信、适应生活、明确目标。

在疫情防控常态化背景下,2020年度"筑力学习先修营"采取线上、线下相结合的方式开展。线上学习阶段,在前期调研的基础上,学生分成14个临时行政班,进行数学、英语、物理、化学、阅读与写作等基础课程的"个性化"学习。晚间,开展包括校史教育、理想信念教育、青春励志教育、入校安全教育、生涯发展教育、资助政策讲解等主题丰富的班会及课余活动。线下阶段,组织学生前往洋山深水港、上海科技馆等地进行社会实践。

2. 华中农业大学金种子能力提升计划[②]

华中农业大学大力推动发展型资助,自2018年起,连续四年实施"金种子"能力提升计划。"金种子"能力提升计划内涵丰富、形式多样,包括"金种子"能力提升课程、考试费资助、高层次国际化人才项目、培训费资助、出国出境交流学习等多种项目类型,从多层面、多角度助力学生成长成才。

(1) 开设丰富的课程,助力学生发展

按需设课。学生资助管理中心通过调查问卷、学生访谈等方式,听取学生意见,根据学生实际需求,设置了艺术鉴赏、学习辅导、信息科技、文化熏陶、就业创业、心理调适、创新实践、国际交流8类课程,想学生发展所需,补学生美育短板,练学生核心能力,促学生素质提升。

同心育人,教学相长。"金种子"课程的授课团队成员成分多元,其中既有专业教师,也有优秀的本科生和研究生。

---

① 上海交通大学"2020级专项计划生筑力学习先修营"顺利结束. http://www.xsszz.edu.cn/n38/n52/c6535/content.html.
② 华中农业大学实施"金种子"能力提升计划. http://www.xsszz.edu.cn/n38/n52/c66101/content.html.

复盘总结,提升质量。课程结束后,整理收集课程照片、视频等影像资料,通过问卷调查了解学生反馈和评价,从而不断提升课程质量。

(2) 资助学生获取能力证书

华中农业大学鼓励支持学生在专业核心技能之外,全面提高他们的可持续发展能力,为此,学校将66种能力资格证书考试类型纳入资助范围,包括ACCA会计师证、教师资格证、中级软件设计师以及雅思、托福语言类等。通过考试的家庭经济困难学生可凭借相关证明材料获得考试报名费资助。

(3) 帮助学生开阔视野

为了助力家庭经济困难学生实现出国、出境学习交流的梦想,2018、2019两年,学校全额资助53名家庭经济困难学生赴新加坡、香港、老挝开展交流学习。2021年学校资助中心启动"金种子"雅思培训费资助计划,资助困难学生报名雅思培训课程学习。雅思课程培训共包括预备读写、预备听说、听力精讲、口语精讲、阅读精讲、写作精讲、专项强化、全真模考8项内容。培训结束后,学生参加雅思考试并获得6.5分及以上,可以获得考试报名费用的全额资助。

三、心理疏导

(一) 现状

青年学生处于人生成长的关键时期,学习、家庭、人际交往和人生规划等方面的压力都会给他们带来心理困扰。青年学生正处于心理断奶期,需要得到学校和社会更多的心理关怀和支持。对于贫困生来说,这种情况更为突出。由于家庭经济困难,贫困生比其他大学生面临更大的心理压力,因为家庭成员的疾病或兄弟姐妹的学业可能会对他们造成影响,而贫困生自身敏感、容易产生自卑感,也使他们更容易出现心理问题。因此,他们尤其需要得到心理关注和疏导。

(二) 心理疏导路径

高校可以通过各种活动,如学生联谊、学术沙龙和迎新晚会等,鼓励学生之间相互交流,打开心扉,接受阳光的温暖。同时,通过辅导员的倾听和教师的关怀等方式,帮助贫困生克服自卑感和敏感情绪等心理问题,让他们坦然接受当前的经济困境,并立志通过自身努力改变命运,成长为自信、积极、乐观和自强的青年。此外，提供全面普及的心理健康教育也非常必要，对所有学生都有益处。对于确实面临心理困扰的贫困生，需要特别关注，通过心理咨询和疏导等方式帮助他们度过难关。

贫困生的资助工作不仅限于提供经济援助，更为重要的是进行"育人"工作，关注贫困学生潜在的心理问题。通过分析大量的数据和信息，可以发现贫困学生中隐藏的心理问题。教师一旦发现有心理问题的贫困生，应该及时制定相应的心理援助计划，并开展适当的心理援助措施，帮助他们摆脱心理困境，实现精神上的脱贫。

在大数据时代，可以利用人机互动模式和计算机辅助的专家系统对高校贫困生进行心理筛查，实现持续、动态监测；可以借助大数据技术改善高校心理健康教育体系，提升受助对象的心理素质。大数据技术的关键在于预测、挖掘数据之外的价值。通过大数据精准分析贫困生的动态心理检测指标，能够清晰地反映贫困生心理变化及发展趋势，并对心理异常的贫困生进行及时预警和干预。传统的贫困生管理主要采用文本形式，而当今的大学生更愿意在网络上分享自己的心情，使得情绪数据化成为可能。例如，微博、微信朋友圈和论坛等平台每天都会产生大量的数据，通过信息技术手段的收集和处理，可以提取出反映学生心理状况变化的信息。通过大数据分析学生的网络社交关系，还可以建立学生社交图谱，及时发现异常数据，为贫困生资助管理和个性化学生培养提供新的方式。

大数据的应用可以在高校贫困生资助工作中发挥重要作用。以康涅狄格大学为例，他们通过收集和分析师生在网站、程序、服务器和手机等平台产生的各种数据，及时察觉异常情况并进行预警，提高了高校贫困生心理健康管理的效率。为了加强对家庭经济困难学生的关怀和疏导，需要规范心理健康教育的发展，提升心理健康教育咨询服务的质量，满足学生心理健康教育的需求。同时，引导这些学生树立正确的价值观，学会科学地看待成功和失败，调节心态，提升心理健康水平。

首先，可以增强家庭经济困难学生的心理健康意识。将心理健康教育课程纳入教学计划，在课程设置上进行规范，包括必修课、选修课和辅修课等，以实现对所有受助学生的全面覆盖。同时，组织宣传心理健康教育活动，举办心理健康教育月、世界精神卫生日等主题教育活动，开展多种形式的文娱活动和心理素质拓展活动，以增强心理健康教育对大学生的吸引力和感染力。

其次,需要提升家庭经济困难学生的心理健康素质。建立一个由心理健康教育与咨询中心的专职和兼职教师、辅导员和班主任等组成的心理辅导队伍。这支队伍将以专职教师为主导,充分利用辅导员和班主任的优势,以班级心理委员和宿舍长为依托,共同开展心理辅导工作。此外,还需要建立完善的心理危机预防机制,建立学校、院系、班级和宿舍的四级心理危机预防体系,定期开展案例督导,组织召开个案研讨,加强对受助学生的跟踪服务。同时,应设立心理危机疏导绿色通道,向受助学生提供高频、及时、有效的心理健康辅导,包括个体心理咨询、团体心理辅导和网络心理咨询等形式,以实现心理危机事件的早期预防和干预。

(三)心理疏导案例

日本为学生提供了免费的心理资助和基础的心理教育。日本注重学生坚强品格的培养,这贯彻了日本的从初等教育到高等教育的整个教育阶段。每所大学都有心理咨询室,并配有专业人士,为学生提供心理咨询,帮助学生解决心理问题。

同时,学校开设了心理学必修课程和选修课程。学生必须修满一定学分的必修心理学课程,同时可以根据自己的需要选修其他心理学课程。这两类心理学课程为学生提供了必要的心理健康知识,让学生拥有自我调节和自我教育的能力,培养学生的"强心脏"。这些心理咨询活动和心理健康教育对于本身比较敏感脆弱的贫困生来说,更加重要。

四、就业帮扶

(一)贫困生就业现状

在当下竞争激烈的就业市场中,对于高校毕业生来说,找到理想工作并不容易。他们面临着日益增大的就业压力,这个问题不仅影响到贫困生,也是整个社会所面临的一个挑战。贫困生在就业竞争中处于相对弱势的地位。

在就业市场上,学生的专业技能和综合素质备受重视。然而,贫困生由于无法承担考证费用,通常无法获得英语、计算机等资格证书,这导致他们在就业竞争中缺乏竞争力。同时,由于财力和精力的限制,贫困生往往无法参加学校社团,因此对于前沿的生活理念和工作方式了解较少。由于急于通过学习知识改变自身命运,他们往往无法拥有足够的时间来参与人际交往,这导致他们在语言表达能力和团队合作能力的发展上存在一定的不足。因此,相对而言,贫困生在专业技能和综合素质方面较为薄弱。

此外,就业市场对社会关系的重视也对贫困生的就业产生了影响。社会关系在就业中扮演着重要的角色,它们是信息传递的重要渠道,为毕业生提供就业机会。由于缺乏必要的社会关系,贫困生往往难以在就业市场上抢占先机。

在就业竞争中,就业能力是综合素质的一个重要体现,它包括了专业水平、心理素质、社交能力以及社会关系等多个要素。贫困生在这些方面通常并不具备优势,需要学校提供额外的帮助和支持。

(二)就业帮扶路径

在就业指导工作中,要培养家庭经济困难学生正确的成才观和就业观。要确保这些受助学生拥有充分的职业选择权,并通过就业引导帮助他们找到适合自己的机会。鼓励受助学生积极考虑到国家大中型企业就业,同时也引导他们前往西部地区以及基层单位,为祖国最需要的地方做出贡献。面对日益严峻的就业形势,希望引导受助学生投身西部和基层,为西部地区做贡献,服务基层社区,并回馈社会。

首先,通过帮助贫困生拥有科学合理的自我认知,引导他们正确看待自己和社会。人们往往会倾向于做出对自己有利的归因,比如将自己的成功归因为努力而将他人的成功归因为运气。然而,这种归因显然是不全面、不科学的。对于一些贫困生来说,他们可能会将就业的挫折全部归因于家庭经济困难,这种外部归因可以减轻自身心理压力,但它并不完整和科学。这样的归因会导致贫困生贬低自我价值,甚至自暴自弃。因此,应该帮助贫困生树立合理的自我认知方式,正确看待就业市场的竞争,帮助他们认识到就业压力是普遍存在的,同时合理认识家庭贫困对就业的影响。通过宣传自立自强的典型,引导他们认识到就业局限更多地来自于个人综合素质和能力的欠缺。

其次,帮助贫困生调节他们的心态,培养良好的就业心态。毋庸置疑,财富的代际传递以及金钱和权力的交易在社会中仍然存在,并且可能长期存在。贫困生深切地感受到了由传统观念引起的高就业期望与残酷的现实之间的巨大差距,这往往导致一定程度的心理失衡。事实上,正是这种心理失衡促使一些贫困生积极奋斗、争取出人头地,在事业上获得成功。然而,过度的心理失衡并不能促进学生实现自我奋斗和实现个人价值,反而可能使贫困生成为社会的负面力量。因此,需要帮助贫困生正确看待某些不公平的社会现象,战胜急功近利的思维方式,并尽早明确自己的职业角色,将就业压力转化为动力。这样,贫困生可以更加积极地应对挑战,追求自身的发展和成就。

再次,可以通过提供适当的就业扶助来帮助贫困生更好地就业。这种就业扶助是为了帮助他们做好短期的就业准备。可以组织就业指导技能提升培训班,有计划、有条理、有步骤地宣传就业政策,并开展一系列活动,如简历制作、职业测评、模拟面试等,以帮助受助学生清晰地分析自我、正确地认知自我、合理地定位自我,发现和了解自身的能力、动机和价值观等职业锚,明确自己的职业定位,制定科学的职业生涯规划,为未来的发展提供支持和指导。除了鼓励贫困生积极参加招聘会,积累面试经验外,还可以设立专门的贫困生就业基金,用于贫困生在找工作时所需的购买衣物、制作简历、交通费等方面的支持。在必要的情况下,高校可以向用人单位推荐那些优秀的贫困生,为他们提供更多的就业机会。这样,可以为贫困生提供更全面的支持,帮助他们实现就业目标,并为他们未来的发展保驾护航[①]。

最后,支持那些家庭经济困难的学生进行创业。广泛开展大众创业、万众创新的活动,充分利用学生的智慧,积极调动他们的兴趣,最大限度地激发受助学生的创新潜力和创业热情。在创业创新的过程中,教育帮助学生们书写新的篇章,他们不仅能创造丰富的物质财富,也能实现高尚的精神追求。同时,邀请专业的创业导师,如专家学者、知名企业家、天使投资人等,为有创业意向的学生传授经验、提供辅导。此外,组织有趣的创业讲座和沙龙活动,以培养受助学生的创业意识,增强他们的创新精神,提升他们的创业能力。

(三)就业帮扶案例

1. 课程培训提升职业素养

中国药科大学举办大学生文明礼仪公开课、英语口语提升训练营、办公

---

① 曹璇. 我国高等院校本科阶段贫困学生资助模式研究[D]. 合肥:中国科学技术大学,2018.

软件实践技能培训、文化艺术进校园等活动,从仪表气质、言行举止、职业技能、文化修养等多角度助力家庭经济困难学生提升综合素质,使1 500余人次受益①。

2. 搭建助学实践平台②

吉林大学提供专项经费在校内设置3 600个兼职岗位,每年面向家庭经济困难学生举办校内勤工助学岗位招聘会,可吸引200多个校内用工单位前来招聘,实现用工单位与学生间的双向选择,既锻炼了学生的沟通、表达及现场应变能力,也提升了学生的就业能力与职业素养。每年暑假,学校还举办校外兼职岗位招聘会,邀请50余家企业公司来校招聘,可为学生提供3 000多个兼职岗位,使广大学生更好地走出校园,认识社会、了解社会,为以后更好地实现从学生到职场人的转变奠定基础。同时,积极开展校企合作,建立起移动公司、吉大致远等多个助学实践基地,为困难学生搭建集勤工助学、实习实训、工作就业为一体的综合实践平台。仅移动助学实践基地,每年就能为家庭经济困难学生提供兼职岗位2 000余个。

此外,吉林大学还从以下两方面进行就业帮扶。一是依托"蒲公英计划",将家庭经济困难学生在校期间所能够涉及的所有学科竞赛、相关专业认证考试、出国英语能力考试等均列入梦想基金资助项目,增加学生能力储备,提升学生就业竞争力;二是开展对家庭经济困难及就业困难的"双困学生"就业能力的提升培训,加大对家庭经济困难且就业困难毕业生的就业帮扶力度,对其开展就业技能培训等求职服务。

五、感恩教育

(一) 感恩教育缺乏的现象

1. 缺乏最基本的感恩意识

尽管政府、学校和社会资助者无意期望受助者回报他们的帮助,但是如果受助者对于资助者缺乏基本的感恩意识,缺乏对他们的应有感激之情和

---

① 中国药科大学多措并举扎实推进资助育人工作. http://www.xszz.edu.cn/n38/n52/c6622/content.html.
② 吉林大学搭建"三个平台",促进家庭经济困难学生全面发展. http://www.xszz.edu.cn/n42/c10974/content.html.

感恩之心,那无疑是令人遗憾的。有些大学生可能将获得助学金视为理所当然。

2.错误地看待家庭的贫困

经济困难家庭出身的大学生,通常会面临一定的自卑情绪。适度的自卑有助于激发他们的求知欲望,立志通过学习改变自己的命运,实现社会阶层的提升。对于这些大学生来说,贫困可能是他们心中一根敏感的刺,也可以成为他们积累人生经验的宝贵财富。然而,有些大学生却将贫困和苦难视为谋取利益、骗取情感的手段,养成了懒惰和贪婪的不良习惯。

(二)感恩教育路径

首先,在日常教育活动中引导受助学生理解"大爱"的含义。高校资助育人是一项系统工程,其中最为重要的就是全方位谋划教育活动,将感恩教育融入高校的日常教育工作之中。资助者包括党和政府、学校以及来自社会各界的资助人士,还有学生的家长和亲人。通过日常感恩教育,让学生了解党和国家的"以人民为中心"的宏伟蓝图,了解学校"以学生为中心"的办学理念,也了解社会各界为帮助贫困生战胜困难、顺利成长所做出的不懈努力。

通过感恩教育,使受助学生深切感受到资助所传递的是国家和社会的关怀和爱护。只有当他们认识到这一点,并通过自己的行动来传递这种精神,才能实现个人的成长与塑造、对他人的影响以及对社会的奉献。

其次,要优化资助育人的环境,营造校园内良好的感恩氛围。感恩是中华民族传统美德的重要组成部分,也是德育教育的 部分。只有拥有感恩之心,个体与个体、个体与自然、个体与社会之间才能更加和谐、亲切。这种感恩心理的存在能够让人变得更加愉快和健康开朗。然而,感恩之心并非天生具备,它来源于生活,需要创造一定的感恩教育氛围,构建适宜大学生心理发展的平台。只有在这样的环境中,大学生的内心才能被深深触动,感恩教育才能取得成功。毕竟,环境是无声的教育者,只有在特定的环境中,大学生才能受到潜移默化的影响和教育。

高校可以利用微信公众号、校园网、校园宣传栏等多种媒介进行感恩文化的宣传。例如,在国庆节、教师节、重阳节等节日时,组织受助大学生了解相关的节日文化,激发他们对节日背后的感恩情感。此外,可以通过宣传那些在感恩他人、回报社会方面树立了典范的人物和事迹,来强化受助学生的心理认知和行为实践。这样可以帮助他们更好地理解感恩的重要性,同时也鼓励他们积极参与到回报社会的行动中去。

另外,高校可以通过开展感恩实践活动将感恩意识转化为具体行动。感恩教育的最终目标是让受助大学生将回报社会的意识和行为内化为一种习惯。举例来说,可以组织学生在清明节前后前往烈士陵园,缅怀先烈,表达对英雄们的敬意与感激之情。在寒暑假期间,还可以组织受助大学生积极参与社会实践活动,增强他们回馈社会、奉献社会的观念。通过这些实践活动,帮助他们深入体验到回报社会的喜悦和成就感,逐渐形成习惯性的感恩行为。

除了实施精准资助政策,高校还可以通过系统的感恩教育工作来引导受助学生。这样做的目的是帮助他们理解资助者的无私奉献之爱,并深刻领悟感恩的真谛,进而将感恩意识转化为实际行动,自觉地回报社会。通过这样的过程,受助学生可以逐渐实现从依赖他人的接受帮助到自我奋力发展再到主动帮助他人的转变,形成一个"受助—自助—助人"的良性循环。最终,感恩会成为受助学生内心深处的一种习惯和生活态度。

(三)案例

1. 育苗支教

由吉林大学家庭经济困难学生组建的"育苗支教"团,自 2012 年成立至今,共选派 664 名志愿者,组建 49 支队伍,分赴 15 个省份 30 余所学校开展支教活动,受助学生 10 000 名,捐赠衣物书籍 13 000 余件,建立 30 余所爱心图书室,与 7 所学校签约共建支教实践基地,坚持为偏远地区儿童传递关爱、启迪梦想。

2. 多措并举

中国药科大学通过"学生资助宣传大使"送政策回母校(高中)活动推进资助政策宣传,连续 9 年组织 400 余名学生赴地方资助中心和定点扶贫单位开展资助育人实践活动,让受助学生反哺社会、增强社会责任感。鼓励学生向捐赠单位撰写感谢信,举办手账绘制大赛和"感恩·励志"主题演讲比赛,培养学生对国家、学校、社会资助政策的感恩意识,展现了当代大学生的感恩情怀和励志的品格①。

六、诚信教育

(一)现状

一方面,一些学生缺乏诚信意识,存在着想要取巧和投机的心态。即使家庭经济状况良好,他们也可能提交虚假证明来获取资助。另一方面,我国国家助学贷款出现了"高审批低还款"的困境。尽管贷款申请的审批率相对较高,但贷款的还款率却相对较低,这严重影响了银行系统对于助学贷款的积极性,同时也降低了高校大学生资助工作中的贷款质量。

诚信是每个人都应该具备的重要品质,尤其对于贫困生而言更是至关重要。为了培养他们的诚信意识,需要围绕社会主义核心价值观展开相关教育工作,包括诚信申请和诚信还贷等方面。高校通过宣传解释资助政策,让贫困生深入了解,并加强诚信教育,以此形成资助与教育相结合的长期机制;采取校园讲座、网上咨询等多种形式,引导贫困生树立正确的人生观和价值观,培养诚信美德以及自立、自强的精神。通过这种方式,有助于在校园中形成良好的氛围,促进全体学生共同发展。

(二)诚信教育路径②

1. 改善诚信教育者的意识与实践活动

首先,作为高校资助育人体系的实施者,教师在其中承担着诚信教育的重要职责。诚信教育包含教育对象的认识和教育内容的认识。同时,教师在诚信教育过程中通过情感活动来引导和激发学生的积极参与。教师的情感活动主要体现在对于诚信教育活动、教育目的以及教育内容所蕴含的理想信念上,同时也包括对学生产生积极情感体验。这些情感体验能够有效推动教师的认识活动和实践活动,给予诚信教育对象的意识活动和实践活动提供动力、感染力和催化力。通过情感体验,教师能够设身处地或以移情的方式引导学生,加强他们对公平、正义、平等、友善等核心价值观念的认同和理解。教师的情感与关怀能够激发学生内心的共鸣,使得他们更愿意主

---

① 中国药科大学多措并举扎实推进资助育人工作. https://www.xszz.edu.cn/n38/n52/c6622/content.html.
② 赵贵臣,肖晗.诚信教育融入高校资助育人体系的路径[J].思想教育研究,2021(1):155-159.

动遵守诚信原则并树立正确的道德观念。

其次,诚信教育者的实践活动可以被看作是隐性思想政治教育理论的实际应用。实践活动是指教育者基于其意识活动的引导,在教育内容的设计、教育场景的设置和教育方法的选择等方面,向教育对象传递诚信教育内容的实际操作。通过有效的实践活动,教育者能够将其自身的诚信品格和资助制度的道德价值传达给教育对象,从思想政治教育过程的一般和抽象形式转化为具体形式,便于教育对象的接受和吸收。在高校资助育人体系中融入诚信教育,即在资助过程中渗透诚信意识、诚信价值和诚信行为的信息,可以促使学生在无形中形成相应的思想观念。这种渗透式的诚信教育方式,能够潜移默化地影响学生,让他们在资助过程中不断增强对诚信的重视,并将其内化为自己的行为准则和价值追求。通过积极有效的实践活动,教育者能够在学生中建立起可持续的诚信文化和良好的道德风尚。

高校可以综合运用显性教育和隐性教育的方式,推进诚信知识的学理性与实践性相结合,以促进理论与实践的相互促进,建立系统的诚信教育体系。具体来说,首先,高校可以将诚信教育融入学生资助过程中,通过广播、板报、班会、网络等多种途径进行宣传和讲解,营造助学文化。同时,创新教育方法,使学生对诚信意识有更深刻的理解和体验。其次,高校应加大对不诚信行为的惩戒力度,形成威慑和震慑效果。通过奖励诚信、惩处失信,采用正面激励和反面惩戒的方式,引导学生自觉抵制不诚信的行为,使诚信意识成为广大学生道德品质和价值追求的重要组成部分。

通过以上措施,高校能够有效推动诚信教育的实践,并促使学生把诚信作为待人处世的准则,以诚信立身,共同营造良好的校园环境。这样的实践不仅能够提升学生的道德水平,也有助于培养他们的社会责任感和职业素养。

高校可以以资助育人为主题,开展一系列相关活动,如主题征文比赛、励志、诚信、感恩主题教育等,旨在引导家庭经济困难学生全面发展,树立正确的世界观、人生观和价值观。同时,积极推进社会实践,搭建社团平台,例如自强社和勤工助学协会,组织德育讲座、主题演讲、素质拓展、合唱比赛等活动,提升家庭经济困难学生的综合素养。通过加强教育引导,针对家庭经济困难学生的需求展开工作,并满足他们的生理需求、安全需求、社交需求、尊重需求和自我实现需求,为他们提供锻炼能力的平台和展示才华的机会,确保资助育人的实效得到有效提升。这样做不仅可以促进学生个人的全面发展,还能帮助他们树立正确的人生观,增强自我价值感和归属感。高校在资助育人方面的努力将为家庭经济困难学生提供更多的机遇和支持,确保他们能够充分展现自己的才能和潜力,实现个人的人生目标。这样的教育工作将不仅在道德层面上对学生产生积极影响,也有助于推动社会公平与发展。

2. 改善诚信教育对象的意识与实践活动

首先,改善诚信教育对象的意识。诚信教育的认识活动是指诚信教育对象对于诚信相关内容的理解和认知过程,其中包括认识对象对于自身的认知活动以及对于诚信教育者、实践活动和诚信教育内容的客观认知活动。诚信教育对象以自身为客体,会思考为何渴望具备诚信的人格魅力,并深刻理解人格需要力作为人格行为选择的动力源泉,支撑个体面对环境压力时坚持拼搏、追求希望和梦想的能力。人格需要力的基本功能是为人格行为选择提供原始的能量和大致的方向,为人类的生存发展提供源源不断的动力。诚信教育对象会思考为何需要诚信教育内容,为何需要拥有诚信的品格。通过激发人格需要力,促使诚信教育对象能够主动自觉地认识诚信内容的内在本质、性质和功能,进一步认识到诚信教育内容的实践价值以及对个体和社会的重要意义,从而激发起情感活动。这种情感活动可以促使诚信教育对象对诚信产生兴趣和热爱,主动参与到诚信实践中去。

所谓的情感活动指的是诚信教育对象在接受教育者及其实践活动传达的诚信内容时所产生的情感体验活动。当诚信教育对象积极地从中获得情感体验时,他们会调动全身心的能力和力量,主动接受教育者的实践活动及其内涵,并将其熔化为内心的力量。这种情感力量不仅是诚信教育的重要组成部分,也是推动诚信教育对象自我培养诚信品格的内在动力。注重诚信教育对象的认识活动和情感活动,对于提升他们的思想觉悟、道德水准和人格魅力具有重要的意义。通过这些意识活动,诚信教育对象能够更好地理解和感受诚信教育的内涵,从而在个人成长和社会交往中展现出更高的诚信水平。

其次,改善诚信教育对象的实践活动。诚信教育对象的实践活动是指他们在接受诚信教育内容和目标,并通过自身的认知活动深入理解后,将这些理念和价值观融入到自己的内心,并最终付诸于行动的过程。实践活动被视为思想政治教育的最高层次和最终环节,因为它要求诚信教育对象将所学的诚信理念转化为具体的行为表现。在实践活动中,诚信教育对象会主动应用诚信原则和规范,在日常生活和社会交往中践行诚信,展现出具备诚信品质的行为态度。例如,他们会遵守承诺、不欺骗他人、尊重他人权益,并且在面对困难和诱惑时能够坚定地选择诚信行为。通过这样的实践活动,诚信教育对象能够逐渐培养和提升自身的诚信品格,成为社会主义核心价值观的实践者和传播者。

诚信教育对象的实践活动可以从两个方面阐明两个问题。首先,诚信教育对象通过意识活动吸收了诚信内容和诚信观念等信息,这些观念如何具有实际用处?它们是否符合社会需求?只有通过实践活动表现出来,才能将诚信内容由"外我态"转变为"属我态""为我态",展现自己的诚信品格和高尚人格。其次,诚信教育者通过实践活动传递诚信内容和价值观念,怎样证明这些观念被诚信教育对象所接受?只有通过诚信教育对象的实践活动,才能证明诚信教育过程的完整性和有效性。因此,教育对象应通过正确的认知活动激发积极情感,主动接受诚信信息,形成内在驱动力,再通过实践活动体现这种力量的现实性。通过对这两个问题的分析,可以帮助诚信教育对象将所学所得转化为实践生活中的行为,并不断提升自身的诚信品质。

3. 诚信教育融入制度建设

资助育人体系的运行机制指的是在资助和育人方面相互配合的规则和执行流程。学生资助制度明确规定了认定家庭经济困难学生、评定奖助等级以及发放奖助学金等一系列流程,与思想政治教育在选择教育对象、确定教育内容、采用教育方法和创造教育情境等方面具有共同的目标。只有将诚信意识、诚信情感和诚信知识融入到学生资助的整个过程和各个环节中,教育者才能实现事半功倍的效果。

首先,诚信教育在资助育人体系运行中承载着重要的价值意义。学生资助制度以公平公正、公开透明、奖助优困等特点为基础,促进了物质帮助、道德渗透、能力拓展和精神激励等元素融合的文化环境的形成。这种体制机制强调了三个层面的价值追求:首先是公平正义的核心价值,它是衡量制度优劣、善恶的标准,也是助学制度的核心价值所在。其次是自由平等的目的价值,制度在一定程度上规范人们的自由平等,为实现更大的机会和空间提供保障。最后是秩序与效率的工具价值,形成秩序和提高效率是制度选择和制定的直接动因,也是实现公平正义和自由平等可靠保障的手段。制度为诚实守信、履约践诺提供了基础和保证。学生资助制度的文化建设丰富了助学体制机制建设的内涵,为文化育人、服务育人和资助育人提供了保障。

其次,诚信教育在资助育人体系中的应用能够实现双赢效果。首先,通过推行诚信教育,可以培养学生的良好道德品质和行为习惯。这样的培养不仅有利于学生个人的成长和发展,也为社会提供了更多优秀的人才资源。其次,引入诚信教育可以促进资助制度的有效运行和管理。通过教育引导,学生将更加自觉地遵守规章制度,提供真实的信息和材料,减少违规行为和失信现象的发生,从而提高资助资源的合理分配和使用效率。同时,诚信教育也有助于建立公平公正的学生资助环境,确保那些真正需要帮助的学生能够得到及时的支持。综上所述,诚信教育在资助育人体系中的应用具有相互促进、优势互补的作用,为学生和社会创造了更加健康、公正的发展环境。

最后,学生资助制度的文化建设可以培养学生的诚信品格,并通过执行学生资助制度来增强学生的道德内在动力。从人文关怀的角度来看,助学制度不仅提供物质资助,更注重对学生的人文关怀,以形成一种助学文化,滋润那些家庭经济困难的学生的精神世界和道德境界。助学制度要求学生符合一定的条件才能获得资助或奖励,这个条件潜含着对遵守资助规则者的奖励。而这些规则实际上是对道德行为的规范表达,通过多种实践活动直接影响学生的道德观念、道德行为和交往方式。这样的助学制度帮助学生树立起诚信至上的道德观念,增强他们履行承诺的内在动力,使他们成为诚信的榜样和道德建设的引领者。

(三) 案例

1. 线上线下同推诚信教育[①]

东华大学与中国银行合作,在学生资助官网和官微"DHU 东小阳"上推出诚信与金融安全知识小课堂,以严谨审慎的科普态度对同学们进行深入

---

① 东华大学综合施策扎实开展资助诚信教育活动. http://www.xszz.edu.cn/n38/n52/c6625/content.html.

浅出的知识讲解;大力宣传不良贷警示片,根据不良贷的特点和种类,通过"DHU东小阳"微信公众号播出8部警示片,倡导同学们理性消费,提高金融安全意识,远离不良贷和套路贷;线上播放反诈骗安全教育片《暗流涌动》,增强大学生自我防范意识。同时学校依托慈善育人基地开展丰富多彩的诚信教育活动,通过讲诚信故事、晒信用积分、签诚信承诺、摆诚信书摊、吃诚信粽子等贴近学生生活实际的活动,吸引近1 500名学生参与,引导广大学生"内诚于心,外信于人"。

2. 协同并举,创新诚信教育①

为进一步深化和巩固诚信教育成果,引导新时代青年大学生涵养以诚立身、以信致远的良好品质,营造诚实守信、重诺践诺的校园文化氛围,江南大学围绕"奋斗青春 诚信人生"主题,结合疫情常态化防控新形势新要求,实施了学校学院协同、线上线下并举、教育引领并重的诚信教育活动。

(1) 多管齐下,以宣播诚

紧盯毕业季、贷款季、认定季和疫情窗口期4个重要节点,聚焦"战疫"诚信、贷款诚信、认定诚信、学习诚信、考试诚信5个主要维度,组织开展高密度、多形式的征信知识普及和资助政策宣传活动。

网络阵地发声,普及诚信知识。学校通过"江南学子"微信公众号集中推送了《国家助学贷款&个人征信知多少》《国家助学贷款还款与申请贴息操作指南》《拒绝被"套路",严防网络骗局》等多篇专题文章,帮助学生全面了解资助政策,深入理解征信意义,提高金融风险意识;各学院通过"食品小微""化young年华""微语人文"等微信平台积极转发部省学校宣传素材,或结合学院学生实际案例"现身说诚",让学生在相对密集的网络阅读中汲取诚信知识,提高诚信认知水平。

云端连线教育,深植诚信根芽。学校通过企业微信举行全校国家助学贷款毕业生"云会议",集中介绍还款程序、个人征信和资助政策,增强学生履约意识;举行全校家庭经济困难学生认定班级评议小组成员代表"云培训",讲述以个人诚信承诺取代盖章家庭经济困难证明的背景与意义,引导学生恪守诚信自觉;各学院通过微信、钉钉等工具开展云班会、云讲堂、云倡

---

① 江南大学开展"奋斗青春 诚信人生"诚信教育主题活动. http://www.xszz.edu.cn/n38/n52/c6518/content.html.

议、云宣誓等独具匠心的"云端"教育,促使学生对诚信信念共情同理,树立正确的荣辱观和价值观,确保诚信教育线上不缩水、云上亦精彩。

巧用教育场域,坚定诚信认同。各学院充分利用战疫窗口期提供的契机资源和教育场域,积极引导学生关注疫情防控中的种种失信行为及其危害,组织学生联系历史与现实、自己与他人开展故事分享和讨论辩论,小至"诚实上报每日信息""如实填写返校通""保持居家学习自觉性",大至疫情防控信息公开、缔结人类命运共同体之信任基础,在对守信失信的正反对比和辩证分析中体认诚信价值,并将这种认知转化为学习生活的诚信实践。

(2) 一院一策,以文促诚

发挥学校主导谋划、学院主动设计和学生主体参与的作用,丰富活动载体,创新活动形式,完善诚信教育与困难学生资助、团学党日活动、校园文化建设的融合机制,组织开展了一批有广度、有深度、有特色的诚信教育活动,渲染诚信文化氛围,让学生在自我体验中真正受教育、有触动。

注重资源联动,提升活动参与度。学校学生资助中心联合信息化管理中心利用慕课(MOOC)系统开展了"资助诚信知识线上问答"活动,1 264名国家助学贷款学生参与了答题活动,让学生进一步了解国家助学贷款、个人信用报告、不良信用记录等知识,进一步明确规则意识、征信意识和按时还款的诚信观念。联合保卫处和中国银行开展防范"校园贷"金融安全线上教育,以生动案例展示帮助学生"入境",让学生进一步树立理性消费观念,远离不良校园贷及其他非法借贷。

注重形式创新,提升教育感染力。各学院开展守信"云"创作、践诺"云"打卡等形式新颖的活动,调动学生群体的想象力和创造力,引导学生在作品创作中传播诚信正能量。设计学院举行诚信主题海报展示与云端故事演说活动,以设计的视角将守信行为和诚信品质转化为形象直观的可视化作品,让学生在作品设计中进行自我教育。人文学院等将诚信主题融入作品征集,通过书画摄影、小品表演、微电影拍摄等形式创作寓教于乐的文创作品,让学生在镜头、笔墨和文字之美中诠释对诚信的理解。物联网工程学院等围绕日常管理、党团建设和学风提升等主题,开展健康"云"打卡、思政"云"打卡、学习"云"打卡活动,鼓励学生展示自己目标坚定、坚持不懈、重信守诺的学习、劳动和生活画面,让诚信观念在点滴小事中落地生根。

注重内涵挖掘,提升思政实效性。各学院借力主题"云"班会、道德"云"

讲堂、名师"云"论坛、辅导员工作室等传统思政教育品牌,深入挖掘诚信教育内涵,引导学生树立诚信光荣、失信可耻的道德观念。纺织科学与工程学院"衣谷烹小鲜"工作室组织毕业生开展"左手诚信,右手成长"线上主题讨论会,强化诚信就业价值引领,扣好诚信为人、廉洁从业的"第一粒扣子"。商学院"义工小讲堂"举办诚信公开课,分享诚信故事和案例,引导学生在生活实践中锻炼诚信意志力。人工智能学院举行"我的青春战疫故事"分享会,参与战疫的学生通过视频网络日志、微视频、配乐诗朗诵等形式讲述志愿服务故事,以典型模范事迹彰显青年担当和青春力量,增强学生爱国情怀与责任使命感。

(3) 受助思源,以行致诚

诚信申报,争当诚实认定者。在家庭经济困难学生复核认定工作中,申请认定学生须坚持诚信原则,如实填写家庭经济情况量化测评表和申请材料;班级评议小组坚持诚信评议,真实评述申请学生生活消费情况,严守信息保密承诺。2020年6月,学校学生资助中心顺利完成了2 838名家庭经济困难学生复核认定,多名建档立卡学生如实汇报家庭脱贫情况与经济现状,承诺自愿放弃家庭经济困难学生认定,将有限的资助资源让给更需要帮助的学生。

诚信守诺,争当贷款联络员。学校学生资助中心和各学院开展国家助学贷款诚信教育活动后,695名国家助学贷款毕业生按期完成毕业确认并签署诚信还贷承诺书,47名贷款毕业生提前还清贷款;2018、2019届中西部基层就业毕业生在收到补偿代偿资助款后,第一时间联系学校和经办银行偿还国家助学贷款。在贷后管理工作中,33名学生自愿报名成为学院贷款联络员,建立贷款毕业生群,承担定期提醒按时还贷、发布国家资助政策、推送征信知识等工作,自觉发挥自助助人作用。

诚信感恩,争当战疫志愿者。返校前,2 073名学生积极响应国家和地方号召,有序投身到乡村值守、社区站岗、人车排查、宣传巡逻、物资筹集和线上教学等一线志愿服务活动中去,为夺取防控斗争胜利贡献青春力量。返校后,1 822名学生自愿报名担任"防疫信息员",积极参与到学校网格化防控管理体系中去,承担防疫知识宣传、晨午晚检、组内成员心理身体情况等信息上报工作,为校园防疫和校园安全助力。

3. 文创产品＋诚信教育

2021年,东北电力大学开展"诚信有礼·东电有你"文创作品设计大赛,将优秀作品在网上进行展播投票,根据投票结果和评委专家意见选出最终获奖作品进行批量生产,作为参与活动学生的纪念品和奖品。共制作印有"诚信有礼·东电有你"标识的帆布包100个、鼠标垫100个、笔袋100个、防磁银行卡套2 000个。将"百年薪火·诚信有我"宣传标语征集活动获奖作品择优推选出20个进行条幅制作并张贴悬挂在校园明显区域,扩大宣传教育范围,增强教育实效。同时,将以上两个活动的作品进行海报设计,制作签名墙,开展"诚信还贷,我来承诺"签名活动,引导学生坚定理想信念,树立诚信意识。

第四章 运用大数据技术提升精准资助水平

第一节 大数据技术的功能与发展现状

一、大数据技术（简称"大数据"）的价值

维基百科将大数据定义为常规软件工具无法在一定时间内抓取、管理和处理的数据集合。2011年5月，麦肯锡全球研究院发布了《大数据：创新、竞争和生产力的下一个新领域》，宣布大数据时代已经到来，并给出了大数据的定义。大数据指的是大小超过常规数据库工具获取、存储、管理和分析能力的数据集合。同时强调，不一定需要超过特定的字节值的数据才算作大数据。本书认为，大数据不仅是高校贫困生资助精准识别的有力技术手段，还是管理贫困生资助工作的精准手段，更是转变传统贫困生资助思维方式的重要途径。

（一）大数据的属性与价值

与传统的数据库相比，大数据具有更庞大的数据量和更复杂的查询分析技术。在大数据时代，非结构化数据所占比例越来越大，这是一个显著的特征。在实践中，教育工作者和研究者已经开发出五种主要的技术来从大数据中提取价值，包括预测、聚类、相关性挖掘、人类判断的升华和模式发现。大数据的预测和聚类功能为高校决策提供了决策辅助，提升了高校决策的科学性，改变了高校决策和规划的新系统。通过数据挖掘，可以发现潜在的重要因素，使高校能够以全新的角度审视贫困生资助工作。除了储存和使用数据的功能，大数据还具有附加价值，即重视整体数据而非抽样数据样本，通过集中分散的数据并对海量数据进行分析，发现数据之间的关联性，得出未来的发展趋势和事物之间的相互关系。大数据体现了相关信息技术发展的最新成果。

大数据具有多样的数据结构，包括结构化信息、半结构化信息和非结构化信息。它涵盖了横向数据、纵向数据以及多维度立体式的数据整合。大

数据的来源可以分为以下三类：首先是传统的关系型数据库，这是一种静态数据源，它来自于各类信息模板数据，比如在高校贫困生资助管理中使用的学生个人及家庭基本信息。其次是半结构化数据，比如XML等，这些数据来自于各类数字管理平台，通过配置芯片传感器等工具收集信息，并利用互联网进行数据分析和挖掘。第三类是结构化数据，这些数据源于各类在线社交平台的互动数据，包括定位信息、视频、音频、文本和其他形式的半结构化数据。

大数据的价值可以超出设想，同一种数据在不同维度和部门可能带来不同的价值和效益。通过利用现有数据，并将其应用于不同的部门和目标，可以发现潜在的价值。相对于传统的样本抽样数据，大数据更全面、更详细，能够观察到所有学生的微小变化。这些微小变化能够反映出学生群体潜在的特征，而传统的管理方式无法察觉到这些特征。所有重大的变化都是由一系列微小数据积累而来的，质的变化导致了量的变化，形成了所谓的"蝴蝶效应"。借助大数据，可以减少对人类经验决策的依赖，建立基于数据的决策方式，从而推动社会的进步和变革。

（二）大数据在国外学生资助工作中的运用

美国已经比较成熟地应用大数据来帮助贫困生，主要有两个方面的应用：一是通过大数据促进教育资源的合理配置，实现区域教育的平衡发展；二是将大数据应用于高校贫困生资助工作，提高科学化和现代化水平。

在区域教育资源的合理配置方面，大数据技术被用来分析不同地区学校的贫困状况，并依据贫困程度进行差异化资助。通过在线收集贫困生申请并跟踪资助项目，大数据专业人员可以实时获取并分析所有贫困生的数据，加快对贫困生的分析和挖掘工作。这种方法既提高了申请补助的效率，又保护了贫困生的隐私和自尊。

在高校贫困生资助方面，大数据被应用于贫困生的认定和资助需求评估。利用《联邦学生资助免费申请表》收集家庭信息和经济状况，结合大数据监管和分析，学校可以准确判断学生的贫困状况，并制定相应的资助方案。同时，学生的信用评价也在资助决策中起到重要作用。国家信用局利用大数据保存每位学生的信用档案，不良记录会对学生的就业、生活和贷款产生影响，从而督促贫困生按时还款。

(三) 大数据对学生资助工作的意义

由于大数据具有多重属性,包括技术、结构和社会价值等,再加上大数据技术的不断深入和发展,它将逐渐成为高校贫困生资助中一项重要的技术工具。

1. 有利于高校转变传统资助思维

相较于传统数据,大数据具有容量大、速度快等显著优势。这使得大数据技术能够充分发挥传统数据的价值,通过计算机系统对所有数据进行分析,并确保分析的准确性。将大数据应用于高校贫困生资助工作不仅可以创新高校的教育管理方式,还能促进高校贫困生资助工作思维的转变。借助大数据开展高校贫困生资助工作,能够进一步提高资助工作的效率,实现高校资助工作的精细化和全面化。大数据在高校贫困生资助中的应用,改变了传统的资助工作思维,推动了高校资助工作的进步和发展。

在大数据时代,对数据的完整性和动态性更加强调。相比传统扶贫模式的因果思维,大数据时代倡导着眼于预测的扶贫思维,这是实现精准脱贫的关键。在经济新常态下,扶贫发展速度放缓且扶贫资源的边际效益递减,因此,运用大数据理念来优化资源投入和提高瞄准效率的革新举措,将为精准扶贫注入新的活力。

2. 有利于高校全面掌握学生资助信息

利用大数据技术,许多高校能够监测学生在校园卡的使用情况,并通过消费数据来判断学生的消费水平和贫困等级。这些学校可以建立数据平台,将学生在校内的消费、学习、日常表现以及家庭情况、收入水平等数据录入系统。同时,结合银行、民政部门和贫困生所在地的信息数据,进行信息的搜集、传达和聚集,以提高信息资源的直观性和精准性。高校对学生资助信息进行全面和全程监管,根据学生的致贫原因和贫困情况,建立相应的帮扶机制和管理机制,并积极提供心理辅导,帮助学生更好地发展。从这个角度来看,相比传统数据,大数据技术更容易帮助高校全面了解每位学生的情况和动态,进而帮助高校更好地进行贫困生资助工作。

大数据技术在高校贫困生资助管理方面已经有了许多实践,许多高校建立了自己的贫困生资助平台。现在,大数据的应用已经不仅限于数据收集,高校还利用大数据挖掘功能来筛选出虚假贫困生。通过分析学生的消费频率、累计消费金额等数据,判断其是否超出正常消费范围,从而帮助资助人员评估学生的经济能力和行为偏好。建立数据决策模型,并运用大数据进行预测和精准识别贫困生,实施差异化资助,推动高校贫困生管理理念和模式的进步。这有助于提升高校贫困生管理的现代化水平,并促进高校贫困生管理质量的提高。

3. 有利于实现高校资助体系全面覆盖

从实际情况来看,学生的日常行为常常难以准确掌握。然而,大数据技术具备了及时获取每位学生动态信息的能力,并能对学生的行为进行全面、多角度的分析。即使学生的行为看似杂乱无章,但在大数据技术的应用下,这些行为其实呈现出一定的规律性。通过先进的观测技术和数据采集设备,能够自然记录学生的日常学习行为表现。与过去仅仅依靠样本分析不同,大数据时代可以获得全样本数据,了解每位学生的情况和变化趋势,从而更好地服务于高校贫困生资助工作。拥有全部或几乎全部学生数据后,贫困生资助工作人员可以从不同角度进行观察和比较学生数据,实现个性化和精准的管理。

此外,高校可以利用历年来的贫困生信息、不同生源地贫困生在校表现、学生家庭经济情况和学习成绩等大量数据,来推断贫困生资助工作的方向,并创新个性化分层援助的形式。在大数据的背景下,高校贫困生资助工作将能够实现多维度、全覆盖的精准资助。通过对这些数据的分析和挖掘,高校可以更好地了解贫困生的需求,制定出针对性更强的资助政策和措施。同时,大数据分析还可以帮助高校识别出潜在的贫困生群体,及时进行干预和帮助,以提高资助的效果和针对性。通过充分利用大数据技术,高校贫困生资助工作将迈向更加智能化和精细化的发展,为贫困生提供更加精准、全面的支持。

4. 有利于实现高校资助的功能拓展

大数据技术的应用使得学生的成绩、消费、日常活动等数据得以全面保留和记录,并根据不同内容和类型进行分类,这对于高校资助工作的功能拓展具有积极意义。随着现代科技的进步,智能手机、智能手环等设备能够实时记录学生的身心情况,学校管理者可以利用这些数据进行分析,有助于实现高校资助工作的内涵式发展。此外,政府可以主导建设专业的资助平台,通过平台发布相关的兼职岗位,让学生根据个人情况和兴趣报名参与相应的兼职工作。学生的兼职情况和表现将被记录在网络上,可以作为考核和就业的参考标准之一。总之,随着大数据的不断发展,高校贫困生资助工作得以进一步延伸,可以从多个方面提供更全面、精准的支持和帮助。

二、大数据运用的限度与隐患

1. 缺乏大数据管理规范标准

大数据管理的不足导致高校贫困生资助工作面临一系列挑战。首先,缺乏统一的管理规范和标准使得数据管理过程存在混乱和不统一的情况。其次,现有的数据存储格式各异且容易出现冗余数据,影响了数据利用的效率和质量。此外,普通资助工作管理者对大数据挖掘分析技术的应用缺乏了解,限制了数据的深入挖掘和潜在信息的发现。对于高校贫困生资助工作而言,现有的教育分析软件或平台往往聚焦于教学方面,缺乏针对管理类工作的应用和高质量的产品与服务。这些问题限制了大数据在高校贫困生资助工作中的应用效果和功能拓展。

为解决这些问题,需要建立起统一的流程规范和标准,确保数据的录入、清洗、更新和管理都能遵循一致的规范。同时,需要加强对高校管理者的培训,提升其对大数据技术和应用的理解和运用能力。此外,还需要推动开发针对贫困生资助工作的大数据管理工具和平台,提供更多样化、高质量的产品与服务,以满足高校管理者对于数据管理和分析的需求。只有通过综合措施的改进和创新,才能使大数据在高校贫困生资助工作中发挥出更大的作用和效益。

2. 缺乏大数据安全与隐私保障

在高校贫困生资助领域应用大数据可能存在一些隐私和安全方面的问题。由于资助平台包含了学生的家庭成员信息和家庭经济状况等私人数据,这些信息在为高校资助工作者提供贫困生辨识样本的同时,也存在着数据泄露和丢失等风险。出于保护个人隐私和优化高校贫困生资助工作的目的,需要合理区分数据使用权限,并完善相关的规章制度。

大数据是对分散信息的二次挖掘,其主要价值体现在对数据的重复挖掘和利用上。然而,由于大数据涉及个人信息和隐私,这些数据在初次收集时很难预料到后续再次使用的目的。因此,在使用大数据时应遵守严格的规范,注重隐私保护和数据安全。

当高校应用大数据于贫困生资助工作时,应特别关注学生个人信息的数据保护工作。大数据为各行各业带来了新鲜血液和全新的分析视角,在分享大数据带来的成果的同时,人们也应重视其中涉及的伦理和道德问题,正视大数据使用安全和个人信息隐私的保障。

三、利用大数据推进精准资助的一般性路径[①]

1. 基础:构建与大数据相匹配的资助管理信息系统

为了推进精准资助,高校需要建立与大数据特征相匹配的资助管理信息系统。首先,有效的数据采集是数据处理分析的前提和基础,而数据采集的有效性需要统一数据标准。尽管高校各部门都建立了信息化管理系统,但由于不同部门使用的数据格式不一致,在连接多个数据源时难以有效提取数据。其次,大数据技术要求超出传统的数据库工具,需要高性能的软件工具和数据处理能力。因此,高校需要根据大数据技术需求和资助工作需求,对现有的管理信息系统进行升级和改造,构建数据化的资助管理信息系统。具体做法包括制定大数据发展规划、统一数据标准,并优化现有系统的数据库管理和功能模块,实现数据采集、存储、处理、分析一体化。例如,电子科技大学通过建立家庭经济困难学生数据库,采集多方面的数据,包括学生本人和受资助信息、在校消费数据、辅导员和同学评价等,设计开发了智慧助困系统,有效推进了精准认定工作。

2. 核心:建设以大数据技术为核心能力的复合型资助队伍

要推进精准资助,关键是建立一支具备大数据技术核心能力的复合型人才队伍。目前,大数据技术主要由少数咨询公司、技术供应商和专业数据人才掌握,高校资助工作者大多缺乏这方面的技术能力,而且该技术具有较高的专业性和学习门槛,无法在短期内快速掌握和应用。基于这种现状,高校可以从以下两个方面提升队伍的技术能力和优化结构。

首先,引进专业的数据人才或寻找专业化的合作伙伴,建立一个以大数据技术分析和指导为核心的团队。这个团队在负责技术处理的同时,还可以起到传帮带的作用,加强对其他非专业技术人员技术能力的培养。

其次,吸纳心理学、教育学、管理学等专业领域的人才,形成一个多学科

---

① 侯莲梅,米华全.利用大数据推进高校精准资助工作创新[J].思想理论教育,2017(8):107-111.

的核心团队。这个团队在负责具体资助和育人工作的同时,可以为大数据专业技术人才提供相关领域的理论传授、素质涵育和能力培训。

通过两个方面的努力,各团队可以发挥各自的特长优势,相互补充不足,协同合作,共同构建一个高素质的队伍。这样的队伍将能够充分利用大数据技术的优势,推动精准资助工作的进展。

3. 关键:搭建共享互通的高校数据化资助平台

在构建多元资助体系下,运用大数据推进精准资助,搭建高校数据化资助平台非常重要,具体可以从以下几个方面来实施。

建设信息化平台:加强网站、资助系统、微信、微博、手机 APP 等信息化平台的建设,全面推进资助工作的数据化,打造资助信息平台和资助育人平台。例如,建立资助在线申请系统、"互联网+"助学平台、"微心愿"助学平台、学生网络征信档案体系等。

构建大数据共享云平台:通过顶层设计,建立跨部门、跨院系的大数据共享云平台,实现校内各部门信息系统的连接,整合资助管理信息系统、资助网站、手机 APP、资助微博等不同的信息载体,实现资助信息平台数据与各部门及院系信息数据的对接和提取。

强化与地方相关部门的衔接:加强高校资助管理信息系统与地方相关部门信息系统的衔接,建立家庭经济困难学生识别和资助动态监测数据共享平台。

建立跨领域的数据共享平台:畅通高校资助管理信息系统与企事业单位、社会组织、银行、社区街道办、创业园区等的信息对接渠道,建立跨区域、跨行业、跨领域的资助资源数据共享平台和协同育人实践平台。

通过以上举措,可以实现高校资助工作的精确化、高效化和智能化管理,促进各方信息的对接和互通,提升资助工作的水平和质量。

4. 保障:建立大数据家庭经济困难学生资助安全机制

利用大数据精准识别家庭经济困难学生身份及困难程度可以有效避免学生个人隐私曝露和自尊心受伤,但大数据中仍存在涉及个人隐私的风险。因此,建立完善的大数据家庭经济困难学生资助安全机制十分必要,具体可从以下两个方面入手。

法治思维和制度建设:建立相应的法律法规和制度框架,要求所有资助工作者在法律规定的权限范围内采集和使用数据。同时,制定数据安全保护规则,建立数据安全使用责任制、安全分级管理制和安全责任追偿制度,确保数据采集者、管理者、分析者和使用者切实维护学生个人权益,尊重和保护学生个人隐私。

信息安全防护体系建设:构建坚固的信息安全"防火墙",包括对主机进行加固和安装防病毒软件,加强入侵检测,采用数据加密技术,开启数据备份与恢复功能,设置口令鉴别功能,采用敏感数据标记,制定权限分级管理规范等措施,确保数据在采集、存储、分析和使用的全过程中的安全性。

通过以上措施,能够有效保护学生个人隐私和信息安全,确保大数据在家庭经济困难学生资助中的合法、安全和可靠应用。

第二节 数字化信息资助平台建设

2001年,全国学生资助管理中心开始着手建立全国高校贫困生资助工作信息管理平台,实现了中央、省级和高校之间的三级贫困生资助工作和贷款学生信息的一体化管理。全国大部分高校都建立了贫困生资助工作网站,逐步实现了从学生入学登记信息到具体资助实施的数字化管理。同时,许多高校纷纷开展以数字档案或档案数字化为核心的信息化建设,进一步提升了管理效率和服务质量[①]。

一、数字化信息资助平台的不足

然而,目前的资助平台在智能化程度方面还比较低,仍然依赖于人工管理和电子控制。

1. 资助平台的缺陷与不足

（1）时效性差

现阶段的数据管理和分析系统主要依赖于关系型数据库管理系统,这些系统在处理传统结构化数据方面表现出色。然而,在处理半结构化或非结构化数据（如视频、音频等）时存在一定的困难。另一方面,一些学校在贫困生资助管理方面仍停留在纸质阶段或人工输入阶段。大量的贫困生信息需要工作人员进行频繁的手动输入、统计和导出,工作人员无法从传统工作方法中解脱出来。此外,部分管理平台缺乏智能化设计,难以实现数据的二次利用,无法满足大数据时代的发展需求。

在统计学生的半结构化信息如有价值的视频和其他数据方面,目前的管理平台往往无法胜任或需要投入大量人力物力。一方面,对于贫困生数据的收集、识别、实施资助和评价通常需要很长的周期,导致时效性差。另一方面,高校对贫困生数据的采集通常是分阶段进行的,主要集中在学生入学时和贫困生申请周期阶段,无法及时满足当前对贫困生资助工作高效和更新的要求。

---

① 李成飞.大数据背景下高校贫困生资助工作精准化研究[D].南京:南京邮电大学,2017.

(2) 针对性差

在数据采集来源和应用方面,大数据具有实时采集且面向所有个体的特点,具有高度全面性和完整性。相比之下,传统数据更偏向于诠释宏观、大体的学生管理情况,对贫困生的数据多数来自于阶段性数据,数据细节不够丰富。由于学生总人数较多,贫困生资助工作人员难以兼顾到每一个贫困生,尤其是在贫困生认定和心理问题管理方面容易出现遗漏或疏忽,导致贫困生资助工作的针对性不强。

(3) 系统兼容性差

我国各高校都建立了独立的资助管理系统和工作平台,这促进了资助工作的网络化和信息化。但是,高校开发的贫困生资助系统存在标准不一、程序差异等问题,与其他部门的管理系统及社会资助系统之间缺乏兼容性,难以实现资助数据的共享。

2. 影响资助平台发展的因素

(1) 理念滞后,大数据意识薄弱

目前,许多高校的学生资助管理部门对于大数据的潜力尚未有足够的认识,因为大数据的概念相对较新。资助管理人员缺乏将收集和测量学生数据用于辅助决策分析的意识。他们在利用大数据进行资助工作方面,通常仅停留在数据存储和查询阶段,并未能充分发挥大数据在预测分析、预警提示等方面的功能。目前,我国高校贫困生资助工作主要以各种事务和活动为主线展开,其中存在着许多繁杂的琐事,没有从传统以事务为中心的管理模式中解脱出来。对于贫困生数据分析思维还停留在统计抽样式的调查问卷或样本数据上,尚未形成充分利用大数据全样本分析的理念,数据的利用率相对较低。在贫困生资助管理工作中,需要转变思维方式,从过去寻找因果关系转向寻找相关关系的思维方式。高校贫困生资助管理人员主要是从事高校学生管理工作的行政人员,缺乏大数据思维,通常更注重大数据技术而非大数据本身。他们将大数据视为学生管理的其中一种手段,很少能将大数据转变为资助管理的思维方式。此外,随着高校贫困生人数的增加,资助部门的数据量也在不断增加,尤其是网络数据、定位数据和社交数据的涌入推动了高校资助工作数据的增长。这些数据量远超传统数据,增加了高校资助部门数据存储和分析的压力,对高校贫困生资助人员的数据素养提出了更高的要求。

(2) 缺乏顶层设计,统筹规划不足

随着信息技术的不断进步,资助工作的信息化建设取得了显著的成绩。一方面,教育管理部门在各省市积极开发资助信息化平台,及时发布各项资助信息；另一方面，高校纷纷建立了独立的贫困生资助系统，有效提高了资助工作的效率。然而，由于缺乏统筹规划和顶层设计，不同系统之间存在内容和标准的差异，各个高校甚至高校内各部门的工作系统也不相同。此外，资助网站过多以及系统之间的隔离导致用户需要频繁切换，消耗了他们宝贵的时间和精力，无法充分享受信息化带来的便利和高效性。同时，这也导致了高校与高校、与其他部门之间数据共享困难，容易出现数据的异构和冗余问题，最终形成了数据孤岛现象。

（3）对数据的挖掘不深

贫困生信息管理系统广泛应用于高校，为其提供了大量的贫困生数据。然而，目前对于这些数据的挖掘工作还不够深入，无法发现贫困生各项资助工作之间的潜在联系，导致了所谓的"数据丰富，知识匮乏"的情况。数据分析和决策是大数据利用的高级阶段，要求贫困生资助部门工作人员具备专业背景，并需要不同领域的业务人员共同参与。然而，由于技术的滞后，效率低下成为限制高校对贫困生数据挖掘的重要因素之一。

二、江苏省数字化信息资助平台建设概况

1. 省级平台建设概述

自2010年开始，为了简化工作流程、减轻基层负担，江苏省经过多方调研，并得到相关领导的批准，建立了江苏省学生资助管理信息系统。通过信息化建设，实现了江苏学生资助工作体系的数字化和无纸化，利用信息化手段推动江苏学生资助工作流程的标准化和资助项目审核的规范化，从而推动学生资助工作的转型升级。该系统经过多年的升级更新，取得了以下成果：首先，系统实现了资助对象的全覆盖，主要包括高校、市县资助工作人员和学生直接申请者；其次，系统实现了各学段资助政策的全覆盖，包括国家资助、地方政府资助、学校资助和社会资助；第三，系统实现了学生申请、流程管理和经费拨付的全覆盖。随着全国学生资助管理信息系统各学段子系统的全面上线，江苏省的资助系统不断进行创新和优化，两个系统相互依托、紧密结合，为江苏学生资助工作的信息化和规范化管理提供了强有力的支持。

在江苏省学生资助管理信息系统基础上，江苏省建设了"一平台两信息库"，即江苏省学生资助申请平台、江苏省特殊困难学生就学信息库、江苏省历年受助学生信息库。通过申请平台的逐步试点推动江苏学生资助实现困难生认定的线上申请、线上承诺、线上审核的全流程管理，学生从"少跑腿"到"不跑腿"。省教育厅联合省扶贫办、省民政厅、省残联等单位建立了建档立卡、低保、特困救助供养、残疾和孤儿5类特殊困难人群信息共享机制，搭

建江苏省特殊困难学生就学信息库,重点聚焦特殊困难学生群体,确保精准识别、精准施策、应助尽助,在实现数据共享的基础上,切实加大对特殊困难学生群体的"一对一"帮扶力度,确保特殊困难学生群体及时足额享受各类教育资助政策(图4-2-1)。

图4-2-1 江苏学生资助政策简介及云上操作指南

2. 学生资助申请平台简介

江苏省学生资助申请平台操作分为移动端、电脑端两个渠道。移动端为学生或家长提交家庭经济信息和资助项目申请时使用,入口为"江苏学生资助"微信公众号的"服务通道"菜单;电脑端为学校和主管部门进行困难生认定、资助项目审核时使用,入口为"江苏省学生资助管理信息系统"。

资助申请。学生或家长通过申请平台移动端填写家庭经济相关信息,采集信息具体内容详见《江苏省学生家庭经济信息采集表(2020年8月修订)》,做出诚信承诺后,在线提交资助项目申请。

困难生认定。学生或家长提交资助申请后,申请平台系统后台依据《江苏省学生家庭经济信息采集量化指标体系(2020年8月修订)》的计分方式,对每个学生的家庭经济状况进行打分,并与已有的建档立卡、低保、特困救助供养、残疾、孤儿五类学生信息进行比对,生成学生家庭经济信息量化分值(表4-2-1)。学校结合走访、民主评议等方式,通过电脑端对量化分值进行调整。申请平台提供的量化分值,可以作为各地各校进行困难生认定的参考依据之一。

资助项目审核。基础教育阶段学校根据困难生认定结果,通过电脑端进行学生资助项目初审(包括是否通过申请、资助具体金额等),主管部门进行复审。高校为院系初审,学校复审。

表4-2-1 江苏省学生家庭经济信息采集量化指标体系

(2020年8月修订)

一级指标	二级指标	三级指标	分值	备注
基本信息	入学前户籍所在地(地域差异)	苏北地区,西部省份	10	信息采集表中户籍信息
		苏中地区,中部省份	7	
		苏南地区,东部省份	5	
		集中连片特困地区	20	
	家庭住址(城乡差异)	县城及农村	3	信息采集表中家庭住址
		地级市所辖区	1	
	本人健康状况	良好	0	信息采集表中本人健康状况
		一般	10	
		身体残疾	50	
		有严重疾病	50	
家庭类型	家庭类型(此项合并最高得100分)	建档立卡家庭子女	100	
		低保家庭子女	100	
		特困救助供养学生	100	
		享受国家定期抚恤补助的优抚对象子女	30	
		因公牺牲警察子女	30	
		孤儿	100	
		困境儿童	50	
		特困职工家庭子女	50	
		单亲家庭子女父母一方去世	40	
		单亲家庭子女父母离异且一方抚养	30	
		单亲家庭子女父母离异且双方抚养	20	

续表

一级指标	二级指标	三级指标	分值	备注
家庭成员情况	父亲职业	无业人员（无收入）	15	信息采集表家庭成员中父母职业信息设置十个选项
		农村务农	10	
		劳力工人（技术含量较低）	6	
		技术性工人	4	
		个体户或自主创业者	0	
		一般管理人员或技术人员	0	
		中层及以上管理人员或技术人员	−2	
		自由职业者	0	
		军人	−2	
		退休	0	
	父亲健康状况	健康	0	信息采集表中健康状况设置四个选项，后两个选项可以多选
		一般（有三高、颈肩腰椎等普通慢性病）	5	
		身体残疾	20	
		有严重疾病	30	
	母亲职业	无业人员（无收入）	15	信息采集表家庭成员中父母职业信息设置十个选项
		农村务农	10	
		劳力工人（技术含量较低）	6	
		技术性工人	4	
		个体户或自主创业者	0	
		一般管理人员或技术人员	0	
		中层及以上管理人员或技术人员	−2	
		自由职业者	0	
		军人	−2	
		退休	0	
	母亲健康状况	健康	0	信息采集表中健康状况设置四个选项，后两个选项可以多选
		一般（有三高、颈肩腰椎等普通慢性病）	5	
		身体残疾	20	
		有严重疾病	30	

续表

一级指标	二级指标	三级指标	分值	备注
家庭成员情况	兄弟姐妹健康状况	有1个兄弟姐妹身体残疾或重病	8	
		有2个兄弟姐妹身体残疾或重病	15	
		有3个及以上兄弟姐妹身体残疾或重病	20	
	兄弟姐妹读书状况	有1个兄弟姐妹在读义务教育学段	8	根据信息采集表家庭成员中兄弟姐妹读书情况,此处可以合并得分,例如一个小学一个高中,得分为18
		有1个兄弟姐妹在读非义务教育学段	10	
		有2个兄弟姐妹在读义务教育学段	15	
		有2个兄弟姐妹在读非义务教育学段	20	
		有3个及以上兄弟姐妹在读义务教育学段	20	
		有3个及以上兄弟姐妹在读非义务教育学段	30	
影响家庭经济状况其他有关信息	家庭人均年收入	小于等于2 000元	50	根据信息采集表家庭成员月收入计算
		2 000~6 000元(含)	30	
		6 000~10 000元(含)	15	
		10 000~20 000元(含)	10	
		20 000~30 000元(含)	5	
		30 000~50 000元(含)	3	
		50 000元以上	0	
	近三年家庭遭受自然灾害累计损失情况	未遭受	0	如果学生选了后三项,填写相应情况说明。
		损失0~10万元(含)	10	
		损失10万~20万元(含)	15	
		损失20万元以上	20	
	近三年家庭遭受意外事件累计损失情况	未遭受	0	如果学生选了后三项,填写相应情况说明。
		损失0~10万元(含)	10	
		损失10万~20万元(含)	15	
		损失20万元以上	20	
	家庭负债情况(不包括房贷、车贷及其他消费贷款)	无负债	0	
		负债10万元(含)以下	5	
		负债10万~30万元(含)	10	
		负债30万元以上	15	

续表

一级指标	二级指标	三级指标	分值	备注
影响家庭经济状况其他有关信息	家庭其他支出及收入情况	赡养老人生活费支出	5	
		赡养老人大额医药费(一年超过2 000元)支出	10	
		有共同生活的祖父母养老金收入	−2	
		住房或店铺出租收入	−5	
		股权分红收益	−5	
		政府救助	10	
		定期社会捐赠(不含偶然捐赠)	10	
		无其他收入来源	0	
	家庭住房情况	城市房改房或商品房1套	0	与信息采集表一一对应,不可多选
		城市房改房或商品房2套及以上	−10	
		农村住房	0	
		城市房改房或商品房和农村住房均有	−5	
		农村、城市均无房	10	
	家庭是否拥有私家汽车	是	−15	
		否	0	
曾获国家教育资助信息	学前教育学段	获得过资助	10	累计最高得10分
	义务教育学段	获得过资助	10	
	高中(中职)教育学段	获得过资助	10	
	本专科教育学段	获得过资助	10	
	研究生教育学段	获得过资助	10	

三、高校智慧资助案例

智慧资助是智慧校园的重要组成部分,是实施人性化精准资助的高级形式,是以信息化平台为依托,以大数据分析为牵引,不断推进家庭经济困难学生的精准识别、精准帮扶、精准预警和全过程动态管理,智慧资助具有以下特征:立足资助前端,聚焦精准识别——设计科学量化的经济压力测评体系,通过线上量化测度、线下民主评议相结合的方式,最大限度识别出家庭经济困难学生,确保"应助尽助";把握资助中端,聚焦精准帮扶——优化重塑资助流程,并据此打造智慧资助系统,为学生资助管理、服务和监督提供更加精准、及时、有效的平台支撑;延伸资助后端,聚焦精准预警——依托大数据分析技术,探索建立家庭经济困难学生全方位动态预警机制,有效实现对资助对象的教育引导。智慧资助主要包括以下几个方面。

一是精准资助特殊群体学生。加大数据共享力度,省级层面将建档立卡、孤儿、残疾等群体学生信息推送给各地各校,结合学校线下排查获得数据,实现特殊家庭学生精准资助。

二是精准认定困难学生。分级编制家庭经济困难学生量化认定指标体系,整合学生家庭经济状况、在校期间消费以及网上行为等数据,对学生经济困难程度进行赋分,提高困难学生识别精准度。

三是精准发放资助资金。试点学校根据认定后的困难学生分布情况,打破原有"按比例""一刀切"的资助资金分配模式,合理分配资助资金,同时根据每个学生的贫困程度,精准发放资助资金。

四是精准跟踪育人成效。部分学校建立资助育人量化评估体系,对受助学生成长成才进行追踪了解和量化评估。

(一)常州工程职业技术学院[①]

作为教育部职业院校教学诊断与改进工作试点院校和江苏省智慧校园示范校,常州工程职业技术学院(以下简称学校)学生资助信息化建设思路清、布局早、举措实、基础好。学校2017年参与了江苏省学生家庭经济信息采集量化指标体系研发,2019年承担了江苏省学生资助申请平台建设试点,运用数据治理思维与方法规范资助流程,构建认定模型,建设"智慧学工"信息平台,促进数据互融互通,绘制数据画像,实现精准资助,提升育人质量。

1. 共建数据标准

资助对象的精准识别关键在于数据标准。2017年,由江苏省学生资助管理中心牵头,学校全程参与制定了江苏省学生家庭经济信息采集量化指

---

① 学生资助信息化典型案例:数据驱动精准资助 成就学生出彩人生.http://www.xszz.edu.cn/n42/c11025/content.html.

标体系,体系涵盖基本信息、家庭类型、家庭成员情况、曾获国家教育资助及影响家庭经济状况其他信息5个维度和22项指标;构建了数据标准,明确单一、准确、权威的事实来源,实现了数据的完整性、有效性、一致性、规范性,并在此基础上开发了"江苏省学生资助申请平台"(图4-2-2)。学校采取"申请平台"+"智慧学工"模式全面应用,达到快速精准识别资助对象效果。

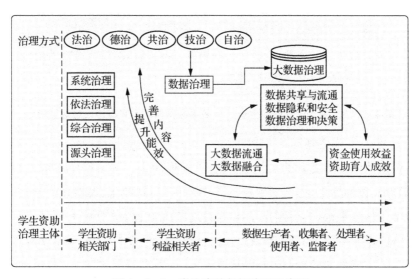

图4-2-2 学生资助数据治理示意图

2. 构建认定模型

资助资金分配的关键在于困难等级认定标准。依据定量评价与定性评价相结合、公开透明与保护隐私相结合的原则,学校率先构建了学生家庭经济困难程度量化数据模型,即通过中位数和标准方差结合把申请平台计算的数值分成4个部分,分别对应特别困难、比较困难、一般困难和不予认定(图4-2-3)。通过2019年和2020年两次试点对此模型进行分析和验证,把运用模型认定的结果与上一年度用传统方式认定的结果进行对比、验证契合度,2019年度契合度为40.7%,2020年契合度为84.3%。利用SPSS软件对相关指标进行相关性分析和回归分析,验证模型拟合度和显著性,结果达到设计要求。几年的实际应用中,师生满意度明显提高。该方案在2020年江苏省高校学生资助骨干培训会上作过交流。

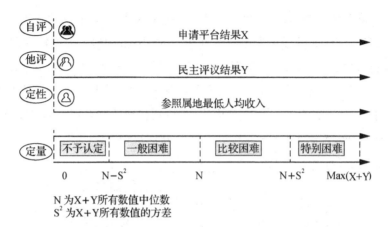

图4-2-3 基于江苏省学生资助申请平台构建的困难等级认定数据模型

3. 优化工作流程

资助队伍效率提升的关键在于工作流程优化。按照程序规范、过程透明、服务到位的理念,推动学生资助工作流程化、制度化、人性化。学校基于智慧学工信息平台,先后制定了绿色通道实施流程、学费减免申请流程、家庭经济困难学生认定流程、民主评议实施流程、学生综合素质测评流程、奖助学金评审流程、临时困难补助申领流程、保险理赔受理流程、勤工助学工作流程等28个流程,线上线下结合记录相关过程,规范了资助工作,提高了工作效率。学校制定《工作手册》,提出职业操守、操作细则等,成为班主任、辅导员等一线资助工作者一看便懂的"宝典"。

4. 绘制数据"画像"

精准滴灌、润物无声关键在于资助数据"画像"。通过大数据分析和经验总结,制定"四会四有"的困难学生发展目标链,从学业发展、职业发展、个人发展和社会能力4个方面建立家庭经济困难学生发展标准链。学校运用"智慧学工"信息平台聚集学生需求,融合目标链和价值链,量身定制"菜单式"帮扶方案,实施赋能工程。设计贴近困难学生身心特点和发展需求的生涯规划、职业素养教育和技能培训课程,全过程融入社会主义核心价值观;在社会实践、创新创业等项目上向困难学生倾斜,给与更多的机会和经费。学生通过"智慧学工"自测,实现数据"画像",找出不足和提升途径,能让更多学生更高效地提高个人竞争力指数。2021年10月,由学校退役大学生和困难学生为主要成员的创业团队在第七届中国国际"互联网+"大学生创新创业大赛总决赛中斩获职教赛道金奖,为学校取得历史性突破。

5. 经验总结

(1) 治理资助数据,实现资助工作精准化、标准化

在治理学生资助工作各类数据工作上,学校基本实现了"3个100%"和"3个零误差",连续10年获江苏省学生资助绩效评价优秀等级。数据互通,学生线上申请资助,既保护隐私又简化程序,还符合当前大学生行为习惯,学生接受度高;因数据互融,申请者家庭经济状况无法弄虚作假,让诚信教育有底气,通过资助数据治理创造诚信。学校大数据驱动精准资助项目获评江苏省"十佳资助育人好做法",资助育人经验和案例被《光明日报》《中国教育报》等重要媒体报道。

(2) 建立发展指标,探索数据化资助育人新范式

2020年9月学校出版了《高职院校智慧学生工作体系建设与研究》一书,结合高职教育特点提出了"四有四会"学生发展目标,即"有高尚的人格、有健康的审美情趣、有较强的实践能力、有优良的职业道德""会学习、会做事、会做人、会生活"。从学业目标、职业规划、个人发展和社会能力等4个方面建立学生发展标准,涵盖20个二级指标和80个三级指标(图4-2-4)。

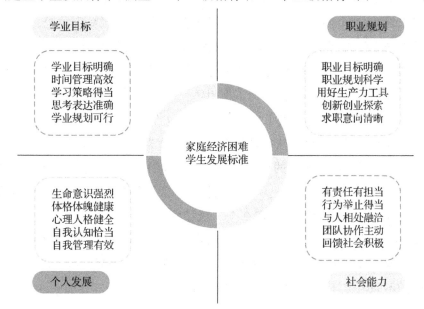

图4-2-4 家庭经济困难学生发展标准

信息技术应用助力困难学生发展目标和标准数据化建设,使学生随时可以自测实现数据"画像",对标对表激发个体内生动力,为资助育人提供切实可行的方法路径。多所学校来校学习"学生发展"经验做法,学校相关人员在"职业院校校长高级研修班"等多个重要会议上作过交流。

(3) 运用"智慧学工"系统,拓宽困难学生成长成才之路

基于全生命周期管理理念,学校运用"智慧学工"系统,全面收集从招生、就业到职业生涯发展的大数据,系统分析挖掘价值,持续完善认定模型、发展目标和标准,实现精准认定、资助、育人和评价,拓宽困难学生成长成才之路。学校依托校友会在各地设立"服务站",发挥杰出校友榜样作用,组织带领受助学生集中开展回馈社会活动,实现"解困—育人—成才—回馈"的良性循环。近年来学校涌现出包括全国技术能手樊鹏飞、王海浪,中国自强之星许彪,江苏省劳动模范袁冬根在内的一批励志成才之星,起到了良好的示范引领作用。

(二) 安徽师范大学[①]

安徽师范大学是安徽省资助育人唯一试点高校和智慧资助试点高校,学校成立了科研攻关团队,坚持自主研发与创新,以数据治理与流程再造为突破口,实现8个部门11个系统数据互联互通,利用云计算、大数据、人工智能等新技术手段,自主开发了集精准识别、精准资助、精准育人和效果评估为一体的智慧资助平台,形成从贫困生认定,到奖助申请与审核,再到资助育人和育人效果评估的线上资助工作闭环。

1. 聚焦智慧,实现精准识别

学校自主研发贫困生认定量化指标体系,探索出新的贫困生认定模式,极大地提升了贫困生认定的科学性与准确率;利用人工智能技术和层次分析法对学生的消费情况、家庭状况和在校行为表现等数据进行综合分析,从家庭收入和支出两个维度,确定9个二级指标、79个观测点,通过构建数学模型,进行量化赋分,建立贫困生量化认定指标体系。贫困生量化认定指标体系做到了既能区分是否是贫困生(59.82分是贫困生分界线),又能区分贫困生的不同困难等级(59.82～70.35分为一般困难等级,70.36～80.16分

---

① 安徽师范大学智慧资助典型案例. http://jyt.ah.gov.cn/tsdw/xszzglzx/yxcz/40458419.html.

为困难等级,80.17分以上为特别困难等级)。

该体系不仅能区分谁是经济困难学生,还能区分经济困难学生的困难等级。这几年,通过随机抽取一市一县开展全覆盖实地回访验证,发现系统识别精准度高达99.24%。

2. 精准资助

一是建立资助需求指标体系。通过对家庭经济困难学生在校消费情况和生活费来源的跟踪分析,建立家庭经济困难学生资助需求指标体系,计算出不同困难等级的家庭经济困难学生资助需求,实施消费预警和资助预警,主动展示需要资助的家庭经济困难学生名单和资助金额,实现主动的、隐形的精准资助。2020年,全校贫困生生均受助0.61万元,实现应助尽助。

二是实施"四暖相伴"资助。根据不同时节贫困生的资助需求,依托平台组织开展了"四暖相伴"资助。春季是学生学习任务繁重、考级考证集中、生活压力加大的特殊时节,在国家助学金尚未发放时,学校组织开展"暖春行动",向寒假家庭发生突发变故学生、孤残学生、烈属、优抚对象等特困群体发放临时困难补助,帮助解决其生活问题;在冬季到来之前,学校组织开展"暖冬行动",向特困生发放保暖衣物,让他们安心度过寒冬;在期末考试、考研前夕,学校组织开展"暖学行动",向参加勤工助学的贫困生发放补助,让他们不再参加勤工助学,安心复习迎考;在就业和考研复试季,学校组织开展"暖途行动",向困难毕业生发放求职、考研复试交通等补助。2020年,学校通过"四暖相伴"工程资助贫困生4 797人,总金额达402.6万元。

三是开展隐形"微资助"。利用平台"微资助"模块,开展了隐形的"微资助"。根据贫困生提出的需求购买保暖衣物以及学习用品等,通过委托快递直接邮寄给受助学生。2020年,学校利用"微资助"模块,在全省率先启动了疫情期间应急资助和"未摘帽52个贫困县"生源贫困生专项资助,第一时间启动了王家坝等蓄洪、泄洪区贫困学子特别资助,发放资金280多万元,受助学生1 900多人次,实现资助对象全覆盖。

3. 精准育人

利用平台对贫困生表现进行分析,筛选出他们成长过程中存在的不足,推荐他们参加相应的资助育人项目,并做好项目的跟踪管理和结果分析。

一是价值引领,激发"我想成才"之情。创建线上"苔花"励志班,构建了以理想信念、励志自强等为主要内容的"菜单式""开放式"课程体系,实现全校贫困学子分层分类教育的全覆盖。开办线上"苔花"周末剧场,将资助育人故事搬上舞台,让贫困学子接受更为形象、生动的教育。2021 年,"苔花"励志培训班开展"四史"教育、人际关系、办公软件操作、考研辅导等 7 个专题培训,受益贫困生 4 735 人;"苔花"周末剧场举办 11 场,受益贫困生 1 351 人。通过大数据分析寻找身边的励志榜样,选树出"中国大学生自强之星标兵"(每年全国仅 10 名)古孜里努尔·艾尼瓦尔和蔡张飞等一批贫困学子典型。

二是个性指导,推动"我可成才"之行。利用平台设立线上发展辅导站,先后从高年级获得国家奖学金、国家励志奖学金的贫困学生中聘请了 150 名导生,从教师中遴选 78 名导师,为低年级贫困学生开展"一对一"个性化的学业、生活指导。近年来,贫困生毕业率 100%。2021 年指导贫困生获校级以上奖励 882 项。

三是分类训练,推进"我能成才"之举。利用平台设立"扶智、扶志"项目,为能力较弱(平台资助育人效果评估 60 分以下)的贫困生搭建平台。2021 年,线上指导 532 名贫困生完成 79 项"双扶"资助育人项目,另指导 732 名贫困生获得新一期项目立项 146 项。按照能力较弱的贫困生参加校内勤工助学、能力较强的参加校外勤工助学的导向,平台在校内勤工助学招聘时自动提醒设岗单位优先聘用资助育人效果评估 70 分以下的贫困生,并要求设岗单位为每位学生配备指导教师,开展一对一指导,既保证了能力较弱的贫困生兼职安全,又能快速提升他们的综合素质。

四是成效评估,实现"我已成才"之梦。运用数学模型,构建资助育人成效量化评估指标体系,通过对贫困生思想道德、社会责任、专业技能、职业素养、身心素质、人文底蕴、学业成绩、升学就业、入党、任职、奖学金获取等方面进行量化分析,展示贫困生个体和群体的成才情况,精准锁定需要帮扶的贫困生,开展有针对性的结对帮扶。

第三节 精准资助的认定与管理

一、精准认定

(一) 认定现状

关于对家庭经济困难学生的认定,教育部等部门先后发布了《教育部 财政部关于认真做好高等学校家庭经济困难学生认定工作的指导意见》(教财〔2007〕8号)、《教育部等六部门关于做好家庭经济困难学生认定工作的指导意见》(教财〔2018〕16号)文件。两个文件相比较,教财〔2018〕16号文件在家庭经济困难学生认定的认定标准、认定程序等方面做了进一步的明确(表4-3-1)。

表4-3-1 家庭经济困难学生认定的政策演变

年份	文件名	适用高校(学生)范围	认定对象	认定标准	认定程序
2007	教育部、财政部关于认真做好高等学校家庭经济困难学生认定工作的指导意见	根据国家有关规定批准设立、实施高等学历教育的全日制普通本科高校、高等职业学校和高等专科学校招收的本专科(含高职、第二学士学位)学生	学生本人及其家庭所能筹集到的资金,难以支付其在校学习期间的学习和生活基本费用的学生	合理确定家庭经济困难学生的认定标准,参照当地城市居民最低生活保障标准,可设置一般困难、困难和特殊困难等2~3档	每学年进行一次。学生本人提出申请,实行民主评议和学校评定相结合。如学生家庭经济状况发生显著变化,学校应及时做出调整

续表

年份	文件名	适用高校（学生）范围	认定对象	认定标准	认定程序
2018	教育部、财政部、民政部、人力资源社会保障部、国务院扶贫办、中国残联关于做好家庭经济困难学生认定工作的指导意见	根据有关规定批准设立的普惠性幼儿园幼儿；根据国家有关规定批准设立、实施学历教育的全日制中等职业学校、普通高中、初中和小学学生；根据国家有关规定批准设立、实施学历教育的全日制普通本科高等学校、高等职业学校和高等专科学校招收的本专科学生（含第二学士学位和预科生）；纳入全国研究生招生计划的全日制研究生	本人及其家庭的经济能力难以满足在校期间的学习、生活基本支出的学生	（一）家庭经济因素主要包括家庭收入、财产、债务等情况（二）特殊群体因素主要指是否属于建档立卡贫困家庭学生、最低生活保障家庭学生、特困供养学生、孤残学生、烈士子女、家庭经济困难残疾学生及残疾人子女等情况（三）地区经济社会发展水平因素主要指校园地、生源地经济发展水平、城乡居民最低生活保障标准、学校收费标准等情况（四）突发状况因素主要指遭受重大自然灾害、重大突发意外事件等情况（五）学生消费因素主要指学生消费的金额、结构等是否合理（六）其他影响家庭经济状况的有关因素主要包括家庭负担、劳动力及职业状况等	原则上每学年进行一次，每学期要按照家庭经济困难学生实际情况进行动态调整。工作程序一般应包括提前告知、个人申请、学校认定、结果公示、建档备案等环节

《教育部、财政部、民政部、人力资源社会保障部、国务院扶贫办、中国残联关于做好家庭经济困难学生认定工作的指导意见》（教财〔2018〕16号）文件是目前各高校对于家庭经济困难学生进行认定的主要文件依据，下面从工作原则、认定依据、工作程序等方面进行简要阐述。

1. 工作原则

（1）坚持实事求是、客观公平的原则。认定家庭经济困难学生要从客观实际出发，以学生家庭经济状况为主要认定依据，认定标准和尺度要统一，确保公平公正。

（2）坚持定量评价与定性评价相结合的原则。既要建立科学的量化指标体系，进行定量评价，也要通过定性分析修正量化结果，更加准确、全面地了解学生的实际情况。

（3）坚持公开透明与保护隐私相结合的原则。既要做到认定内容、程序、方法等透明，确保认定公正，也要尊重和保护学生隐私，严禁让学生当众诉苦、互相比困。

（4）坚持积极引导与自愿申请相结合的原则。既要引导学生如实反映家庭经济困难情况，主动利用国家资助完成学业，也要充分尊重学生个人意愿，遵循自愿申请的原则。

2. 认定依据

根据《教育部、财政部、民政部、人力资源社会保障部、国务院扶贫办、中国残联关于做好家庭经济困难学生认定工作的指导意见》（教财〔2018〕16号）文件，家庭经济困难学生的认定依据主要包括以下6个方面。

（1）家庭经济因素。主要包括家庭收入、财产、债务等情况。

（2）特殊群体因素。主要指是否属于建档立卡贫困家庭学生、最低生活保障家庭学生、特困供养学生、孤残学生、烈士子女、家庭经济困难残疾学生及残疾人子女等情况。

（3）地区经济社会发展水平因素。主要指校园地、生源地经济发展水平、城乡居民最低生活保障标准、学校收费标准等情况。

（4）突发状况因素。主要指遭受重大自然灾害、重大突发意外事件等情况。

（5）学生消费因素。主要指学生消费的金额、结构等是否合理。

（6）其他影响家庭经济状况的有关因素。主要包括家庭负担、劳动力及职业状况等。

3. 工作程序

根据《教育部、财政部、民政部、人力资源社会保障部、国务院扶贫办、中国残联关于做好家庭经济困难学生认定工作的指导意见》（教财〔2018〕16

号)文件,家庭经济困难学生认定工作包括以下5个程序。

家庭经济困难学生认定工作原则上每学年进行一次,每学期要按照家庭经济困难学生实际情况进行动态调整。工作程序一般应包括提前告知、个人申请、学校认定、结果公示、建档备案等环节。各地、各校可根据实际情况制定具体的实施程序。

(1) 提前告知。学校要通过多种途径和方式,提前向学生或监护人告知家庭经济困难学生认定工作事项,并做好资助政策宣传工作。

(2) 个人申请。学生本人或监护人自愿提出申请,如实填报综合反映学生家庭经济情况的认定申请表。认定申请表应根据《家庭经济困难学生认定申请表(样表)》,由省级相关部门、中央部属高校结合实际,自行制定。

(3) 学校认定。学校根据学生或监护人提交的申请材料,综合考虑学生日常消费情况以及影响家庭经济状况的有关因素开展认定工作,按规定对家庭经济困难学生划分资助档次。学校可采取家访、个别访谈、大数据分析、信函索证、量化评估、民主评议等方式提高家庭经济困难学生认定精准度。

(4) 结果公示。学校要将家庭经济困难学生认定的名单及档次,在适当范围内、以适当方式予以公示。公示时,严禁涉及学生个人敏感信息及隐私。学校应建立家庭经济困难学生认定结果复核和动态调整机制,及时回应有关认定结果的异议。

(5) 建档备案。经公示无异议后,学校汇总家庭经济困难学生名单,连同学生的申请材料统一建档,并按要求录入全国学生资助管理信息系统(技工院校按要求录入技工院校学生管理信息系统)。

4. 认定方法

关于家庭经济困难学生的认定方法,现行的主要有支出法、收入法、收入支出双指标法等。

(1) 支出法

支出法是根据支出来设定贫困线的方法,例如吴××(2011)、甘×(2014)以大学生在校期间所需的必要支出来定义"贫困线"。

首先,计算每一个学生的每年必要支出,即学费、住宿费和必要的生活开支的总额,其中必要的生活开支为食品、衣着、交通和其他日常支出的总额。然后,计算各学校学生的年均必要支出,即为所在高校的"贫困线"。最后,确定必要支出低于所在高校"贫困线"的学生即为贫困生。

(2) 收入法

收入法是只根据收入界定贫困的方法。计算申请且通过贫困认定的学生家庭人均年收入的平均数,发现有部分申请贫困认定未通过和未申请贫困认定的学生群体的家庭人均年收入低于该平均数,这类学生即为"未通过认定的贫困生",并按照贫困认定状态和实际家庭情况将申请贫困认定的学生划分为三类:通过认定的贫困生、未通过认定的贫困生、未通过认定的非贫困生。

北京航空航天大学认定贫困大学生采用的就是收入法。北京航空航天大学在划分贫困程度时,将学生家庭人均月收入低于学校家庭经济困难学生基本标准的定义为"家庭经济一般困难学生",将学生家庭人均月收入低于(含)学校家庭经济困难学生基本标准70%的定义为"家庭经济特别困难学生"。

(3) 收入支出双指标法

该办法同时考虑收入和支出来界定贫困线。首先计算出每一个学生在校期间的平均必要支出,必要支出为学生维持基本生活所需的开支,包括学费、住宿费和学习生活支出的总额。然后,计算各学校学生的平均必要支出。最后,比较学生家庭年总收入和各学校学生的平均必要支出,若家庭年总收入低于各学校学生平均必要支出,则为贫困。

清华大学采用收入-支出双指标法认定贫困大学生,引入"生活困难指数"评定困难等级和资助标准,综合考虑家庭年度可支配收入和学生个人年度收入以及学校研究生基本生活保障线。清华大学于2017年首次引入研究生经济生活困难指数(I值)作为研究生困难情况的参考,进而根据定量测算和定性评价相结合的原则来确定助学金的资助等级,对家庭经济确实困难的同学提供帮助,体现了人文关怀。计算公式和标准如下:

研究生经济生活困难指数(I)=[家庭年度可支配金额$(C1)$+个人年度收入$(C2)$]/清华大学研究生基本生活保障线(D)

A档,属于特殊困难,资助金额8 000元/人;

B档,属于困难,资助金额5 000元/人;

C档,属于一般困难,资助金额3 000元/人。

(二) 精准认定的指标设计与实施

1. 提炼指标,建立指标体系

(1) 提炼主要指标,提高认定科学性

高校可以通过分析往年的贫困生数据来确定贫困生的主要识别指标,

包括学生生源地、家庭经济收入、家庭人口数等。这些指标可以来自学生提供的结构化数据,如基本家庭信息和民政部门证明,也可以来自半结构化或非结构化数据,如网络和视频资料。高校可以利用大数据用户画像技术对贫困生的指标进行分类标记。其中第一类标签是基础数据,如学生的基本家庭信息;第二类标签是学生的消费能力,通过学生校园卡数据和网购数据评估学生的消费水平和购买力;第三类标签是通过大数据分析了解学生的行为偏好。通过这些标签,可以全面了解贫困生的生活情况,实现对贫困生的精准识别。

大数据可以辅助贫困生的识别工作,将各项指标按照权重分类成一级指标和二级指标,并对各项指标进行细化和赋值,建立高校贫困生识别指标体系。根据学生的基本信息数据进行打分计算,就可以确定学生的贫困等级。例如,东南大学可以根据南京市的经济发展水平、最低生活保障标准、物价水平、学校收费水平和学生家庭经济状况等因素,制定科学的认定指标体系。学生通过认定系统完成信息采集,系统根据计算所需的量化指标准确计算学生家庭经济困难系数,并根据系数范围确定学生困难等级。

(2) 建档立卡云端化,提高认定真实性

在大数据时代,高校可以运用现代化技术和系统实现对每个学生的建档立卡。通过整合不同数据源,如户籍信息、家庭状况、收入水平以及动态情况等,这些数据可以以结构化或半结构化的形式录入到系统中。同时,高校可以与民政、税务、银行、贫困生所在街道或村委会等部门进行数据共享,以获取更全面的贫困生数据。例如,街道或村委会可以直接将贫困生的家庭情况和贫困证明上传至学校资助部门,进一步完善贫困生指标数据,使贫困生认定过程更加精准和规范。

在大数据环境下,高校可以充分利用机构优势,将各类数据源定位和连接起来,实现数据的采集、传输和汇聚。大数据分布式文件处理系统可以将物理存储资源从本地节点解耦,通过计算机网络进行管理。这样,高校可以充分利用云计算和云存储等技术变革,提升档案资源的互动性和直接性,使得相关数据能够更加便捷地呈现并参与分析和决策过程。

总之,在大数据时代,高校可以借助现代化技术和系统,结合各种数据源,实现对学生的建档立卡,并通过数据的整合和共享提高贫困生认定的准确性和规范性。同时,利用大数据分布式处理系统和云计算技术,高校可以更好地管理和利用档案资源,提升数据的互动性和直接性,为学校决策提供更有力的支持。

2. 设计权重,建立识别标准

随着高校育人理念及科技的不断发展,社会越来越关注高校贫困生资助质量评估、绩效考核和社会问责等问题。在这方面,高校应主动利用现有大数据资源,从中获取有效信息,以提升资助工作效益。大数据可以清晰地展示贫困生资助部门的工作脉络,并详细记录贫困生认定的依据、过程和资助结果。同时,结合贫困生识别、资助、管理和评价等多个方面,设计权重,建立多维度、多层面的参考指标体系。根据高校贫困生人数、资助政策和人才培养等因素,分析贫困生的资助配置效益和评价情况,建立量化评价指标体系。强调考核的动态性和全面性,克服传统绩效考核中的主观性和片面性。大数据辅助贫困生指标选择更加具有实证性,为决策提供大量数据支持。

3. 运用大数据实施的资助项目

大数据具有数据容量大、数据处理速度快、数据结构丰富、数据价值丰富等特点,需要及时根据伴随式的实时数据进行分析,以发现有用的信息。大数据可以提供海量数据甚至全样本的分析,从而极大地提高了样本分析的可信性。近年来,大数据在高校贫困生资助工作中的应用取得了一定成效,形成了具有特色的工作体系。

具体而言,将大数据分析与学校资助工作相结合,是指通过运用大数据技术对学生的信息进行跟踪、记录和分析。这包括对学生就餐、日常消费等数据进行实时监测和处理,以深度整合学生相关信息,并利用这些信息完善各项制度保障。通过这种方式,可以推动学校资助工作向精准化发展探索创新,并建立更科学合理的资助体系。

在困难学生认定过程中,一些高校运用大数据技术进行学生信息的跟踪、记录和分析。具体而言,通过实时监测和处理学生就餐、日常消费等数据,将学生相关信息进行深度整合,以评估学生的家庭经济水平和在校消费情况。这样的做法有助于确保困难学生获得准确的资助,并为评估和决策提供更客观和全面的依据。

中国科学技术大学、东北林业大学、南京理工大学、电子科技大学等多所高校通过监测分析一卡通消费数据,实施了"隐性资助""暖心饭卡"等学生资助项目。

中国科学技术大学从 2004 年开始正式推行"隐性资助"项目,每年"隐性资助"项目持续时间为 10 个月。在具体操作上,通过校园卡消费数据统计,对每月就餐 60 次以上、平均费用分别在 4.0 元和 3.7 元以下的男、女生,发放 160 元生活补助,每个月有 400 多名学生受助。截至 2017 年已累计资助 4 万多人次,资助金额超 600 万元。2013 年,教育部在全国推广这个生活援助项目。

电子科技大学从 2016 年起实施"精准资助"政策,每月将补贴发放至学生一卡通,持续资助直到学生毕业。一卡通的补贴无需学生申请,校方利用数据挖掘技术,对食堂一卡通消费数据进行分析,将月消费顿数多(80 顿以上),且低于全校平均消费金额的,视为生活水平较低的困难学生。

这种资助方式打破了"按比例""一刀切"模式,采用隐性资助的方式,避免把困难学生与非困难学生割裂开,受到了学生的好评。隐性资助改变了传统的资助模式,借助大数据,精准识别家庭经济困难学生,充分保护家庭经济困难学生的内心;隐性资助以较为隐密的资助方式保证了学生能够体面地获得经济帮扶,充分体现了学校的人文关怀。

二、精准管理

要实现精准管理,首先需要建立一个全面统一的资助大数据平台。该平台通过整合贫困生的横向和纵向数据,持续收集可追踪和深入挖掘的学生数据。确保数据质量是数据输入的首要任务,在不同部门联网的情况下,确认学生数据的真实有效性。同时,及时更新数据以保证其有效性,并对数据进行备份、共享等分级管理,确保贫困生的隐私安全。利用大数据技术可以实现数据的多点备份,并使用云存储,从而避免数据丢失的风险。在建立数据平台时,需考虑到不同学院之间可能存在代码不统一的问题,因此需要事先建立统一的代码或代码对比表。这样,不同学院和部门就能根据代码对比表将统一的代码输入到高校大数据平台中,实现高校各部门信息的交融和整合,打破数据孤岛,建立全面统一的数据平台。高校贫困生信息数据库不再是简单地满足于收集学生基本家庭信息、消费表现、奖惩助学贷记录等档案要素,而是通过大数据工具进行整合、分析和挖掘,形成智慧化的学生档案分析库,为高校的贫困生管理提供科学化的决策依据。全面统一的资助大数据平台还可以作为一个便捷渠道,向社会公开资助信息,促进资源共享和整合,提高资助工作的透明度,并接受来自社会各方的监督。

(一)建立动态化监管系统

基于大数据技术和过程管理理论的原则,建立高校贫困生资助的动态管理系统,旨在针对贫困生资助全过程进行设计与控制,实现对贫困生资助的科学化管理。重要的是及时获取学生实时数据,了解每一位学生最新的学习、生活状况,有无意外致贫,并在认定完贫困生之后,动态监测跟踪资助情况,及时有效干预。通过大数据平台实时记录并观测贫困生的贫困等级、学业成绩、消费数据等,对高校贫困学生进行动态跟进,实现动态化管理。

(二)建立多元监管体系

2015年的通知要求高校在初步确定贫困生资格后,需要对其家庭经济状况进行复核,并进行实地走访确认。这表明国家高度重视对贫困生资格的二次认定,要求将贫困生认定与学生家庭访问结合起来,进一步完善贫困生认定和资助管理工作。高校资助工作需要在实践中摸索出新的工作规律,增强绩效意识。可以利用科学的方法对资助工作的绩效特别是奖助学金在公平性和效率方面进行综合评价,不断提高高校资助工作的实效性。在评价高校贫困生资助工作时,可以运用大数据形成资助工作的评估与管理规范,包括贫困生准确辨识率、差异化资助流程、贫困生动态监测体系以及资助工作的评估优化方案。这将为高校贫困生资助工作提供更好的评估、衡量和方法。大数据还扩大了高校贫困生资助工作的评价主体范围,从过去的学校相关部门和教师变为全体师生、家长,甚至整个社会。这丰富了教师、学生、家长和社会人士参与学校管理的渠道,使评价主体更加多元化。大数据使得评价变得主动而非被动,在一定程度上实现了评价主体话语权的平等。赵炳起等人运用模糊理论的模糊综合评价方法构建了高校贫困生资助绩效评价模型,并对江苏省9所高校2004—2005学年贫困生资助的实际效果进行了实证分析。他们发现了一些共性和根本性问题,并提出了从政府、高校和社会三个层面来提高资助工作绩效的对策建议。本书从以下角度提出构建高校资助工作监督多元化体系。

(1)学生

大数据推动了评价方式的转变,从以总结性评价为主转向伴随式评价,更加注重评价过程和每个个体的发展。在资助工作中,学生成为主要的参与者之一,每个与贫困生相关的利益相关者既是贫困生数据的生成者,也是使用者,促进了贫困生管理评价和监督的全面化和个性化。此外,大数据提供了学生举报和揭露资助过程中偏差行为的渠道,鼓励学生积极参与监督工作。通过学生层面的调查,可以实际了解有真正资助需求的贫困生,同时排除那些将资助金奢侈浪费的虚假贫困生。积极引导学生参与高校资助监管工作,有助于增强学生对资助政策的认同感。

(2) 教师

大数据为高校贫困生资助工作的教职工提供了一个双向沟通平台,使他们能够在实际的教学管理中更多地了解学生的生活细节。当教师们发现学生需要帮助或者出现心理问题时,可以及时直接与学生联系,并深入了解他们的内心需求,以便进行有效的帮扶工作。这种润物细无声的帮扶可以更好地支持学生的发展和成长。无论是负责资助工作的老师、辅导员,还是其他在职老师,都可以通过大数据平台与学生建立更紧密的联系,实现个性化关怀和支持。

(3) 学校

高校可以通过大数据资助平台设立匿名监督管理意见箱,向全社会开放,并利用各种网络平台如微信、微博、邮箱等收集和发布相关情况和意见。这样能够更好地了解全体学生的动态信息,实现与师生和社会的三向沟通,建立健全的监督体系。高校可以充分利用互联网资源,在资助系统中公示资助各项工作内容、资助学生名额以及资助资金流向,以提高资助工作的公开性和共享性,为学生、教师和管理者提供监督渠道。同时,还可以运用量化评价标准对资助工作进行检测和评估,不断反思并提升工作水平,审视资助效果,以确保资助工作的质量和效益。

(4) 社会

社会监督是法制监督的一部分,它是对高校贫困生资助工作进行外部监督的重要方式之一,也是法制行政的基本理念和范畴之一。调动社会各界人士的参与和监督是规范高校贫困生资助工作的关键途径,能够有效解决相关问题。互联网在这方面发挥了重要的作用,随着网络的迅猛发展,每个普通民众都有可能成为自媒体的角色,可以发布、分享、评价和监督高校的工作,实现了网络化的增强。大数据技术赋予了社会大众个性化的监督渠道,通过大数据的共享性,社会大众能够更好地了解高校贫困生资助工作的内容,使其变得更加社会化。大数据的共享性和公开性促进了高校贫困生资助工作的信息公开,为社会监督提供了便捷通道,提升了社会的民主水平,使得高校贫困生资助工作更加透明、公正。社会、高校以及利益相关者可以更加自由、直接地了解资助工作的公开开展和全过程实施,同时也发挥了社会监督的功能。

(5) 线上线下监管并行

首先,可以充分发挥线下监管的作用,包括师生、学校以及整个社会的监督。一旦发现有人弄虚作假,立刻取消其受资助资格,并将不良记录记入学生诚信档案,以实现全社会、全过程的动态监管。

其次,还可以通过开放高校贫困生资助工作网站留言信箱、学校官方微博、微信等网络平台,接受公众的监督和反馈。一旦在开放期间发现认定结果存在异议,学校可以召回资助金,降低或取消之前已认定的贫困等级,以确保公正性。

同时,借助大数据技术,使高校贫困生资助工作更加公开透明。人们可以通过资助平台发布的信息了解最新的资助动态,这将吸引更多利益相关者和对资助工作感兴趣的人参与政策制定、决策和监督,实现无处不在的监督。这种持续的监督机制将使资助工作更加细致化、科学化。

最后,通过大数据统计,对贫困生进行持续动态监管,实现线上监管与线下监管的有机结合。这有助于转变高校金字塔式的管理模式为扁平化管理模式,充分利用各类资源,改革多层次的管理体制,实现精细化管理等目标。

(三) 建立失信受助对象多元追责机制

大数据对于高校贫困生资助工作的监管还表现在建立失信受助对象多元追责机制。对于伪贫困生,高校联系贫困生所在生源地政府或民政部门核实其弄虚作假行为,一经确认,立即取消其贫困生资格并追回补助款项,并将其纳入学生网络征信系统。

对于未能按时还贷的贫困生,利用大数据了解其实际家庭、税收和生活情况来督促其还款,并根据其毕业后的薪资合理制定还款比例。如果学生有还款困难,可以申请延长还款期限,并进行核实。综合分析申请助学贷款贫困生毕业后还款情况等多种评价标准,判定资助部门的工作,保障信贷资金的安全。

对于故意拖欠国家助学贷款还款的失信学生,应将其纳入学生网络失信名单,并通知其所在单位,形成多元追责机制。

(四)建立量化评价指标体系

资助部门考核评价是对资助部门工作的判断,体现高校资助工作的效率和成果。教育部全国学生资助管理中心制定了《中央部属高校贫困生资助工作绩效考评暂行办法》,并委托第三方对中央部属高校开展学生资助工作绩效考评,主要依据各高校资助工作的基础建设、工作实施、工作成效和资助育人等多项指标综合考核其资助工作的开展情况。美国于2010年发布的《国家教育技术计划》中强调各级各类教育系统要利用技术来测量、评价学习过程,教育管理者应该利用技术来收集学习过程中的实时数据,为持续改善学习效果提供依据。在技术层面,可以利用大数据智能算法构建特征模型,对资助工作绩效评估的有关问题进行智能化处理。一个完善的资助绩效考核体系应基本包含学生满意度、受助学生生活质量改善程度、资助运行环境及制度建设等指标。高校贫困生资助工作考核也应该参考大数据指标,建立资助考核量化体系,包含贫困生精准识别度及二次审核考核指标、资助工作精准实施考核指标、受助学生经济及心理健康提高程度、资助监管考核指标以及大数据应用考核指标等。通过大数据实施为每一层次的考核提供依据,最终实现精准评价。

第五章 资助育人中的隐私保护

第一节　理论阐发

一、哲学视角：信息伦理

信息伦理是指人们在涉及信息的生产、采集、储存、管理、传播和使用等一系列应用信息活动中应当遵守的行为规范，它体现了个人在信息活动过程中与社会以及他人之间相互关系的伦理原则。根据露西安纳·弗劳瑞迪的观点，信息伦理在哲学层面上是计算机伦理的基础，尽管它可能无法直接解决具体的计算机问题，但它为解决这些问题提供了道德指导。换言之，信息伦理可以被视为一种社会行为规范和道德，它规定了人们在信息技术领域中应该遵循的准则和原则。

大数据行为主体间的交流并非面对面的交流，而是通过网络进行交流，涉及的都是机器和数据。因此，在这种情况下，缺乏面对面交流中存在的人与人之间的情感交流和真实监督环节，使得网络上的数据行为缺乏主体之间的交流和真实监督。这就导致了行为主体在道德关系方面相互冷漠、缺乏信任，对于信息可能对谁造成伤害或侵犯谁的权利等问题也显得不够敏感。此外，在利益面前，部分人可能会牺牲道德规范以获取更大的利益，尤其是随着大数据发展的迅速推进，相关规范的偏离也越来越常见。大数据发展所带来的挑战需要伦理道德观念、道德意识以及行为规范的支配，但事实上，随着社会各个领域的发展，当前的伦理道德观念滞后于大数据发展的步伐。这种情况下，行为主体的自律能力较弱，他们的行为将有可能对大数据环境和社会公正产生不利影响。

在大数据时代，一些不法分子会利用大数据技术中的漏洞和非法手段，窃取他人的隐私，以谋取不当的利益和财富，对受害者的隐私和经济利益造成损害。因此，在这个时代，保护个人信息安全的重要性不言而喻。然而，在追逐经济利益的驱使下，不法分子会采取非法手段入侵存储个人信息的载体，包括手机、电脑、网站和各种软件，获取大量的个人数据信息，从而进行黑市交易或进行虚假再生产。特别是对于个人隐私信息,如电话号码、姓名、职业、收入、地址、购物记录、信贷信息等多种敏感信息,都成为了他们的目标。为了保护个人隐私和经济利益,需要加强个人信息安全意识,采取有效的安全措施,包括加强密码管理、保护网络通信安全、谨慎分享个人信息等。同时,也需要加强法律法规的制定和执行,打击不法分子的违法行为,维护大数据时代的信息安全。

隐私泄露是指在未经个人授权的情况下,个人不愿公开的敏感、重要或机密信息被他人获取。隐私泄露可分为两种类型。一种是主动泄露个人隐私,部分人对个人信息保护意识较低,容易将个人信息轻率地分享给他人。此外,还有一些应用软件设置了读取和使用个人信息的权限,若用户不同意,将无法使用该软件,这迫使用户不得不泄露个人隐私。尽管从表面上看,这些应用软件给予消费者选择的机会,但实际上,消费者并没有其他选择。另一种是泄露他人隐私。在大数据时代,信息共享变得普遍,每个公民不仅向他人生产和传播个人信息,也可以接触到他人的信息。然而,一些人出于自身利益,在不当手段下获取他人隐私,并以此牟取不当利益。

对于个人隐私泄露问题,应增强保护意识,注意谨慎地分享个人信息,并采取一些安全措施,如加强密码管理和保护网络通信安全。同时,相关部门应加强监管和制定法律法规,打击违法行为,维护大数据时代的信息安全和个人隐私权益。

在学生资助过程中,容易产生信息伦理问题的环节就是受助学生信息的收集、储存和公示。比如,为了体现评选过程及结果的公正与公开性,并接受广大师生的监督,部分院校通常会将评选结果在学生群及校园网站内进行公示,公示内容包括学生姓名、年级、班级、专业、学号。这给别有用心的不法分子带来了可乘之机,利用这些信息对学生及家长实施诈骗。

二、制度视角:分配正义

制度作为一种客观存在,具备双重特征:价值性和技术性。价值性指的是制度作为社会成员权利与义务关系的安排,体现了特定的价值理念,拥有伦理性。技术性则指制度本身的内在逻辑、自洽性、程序性以及其在社会治理中的工具性。即使对于制度的程序规定,也包含着价值观念的具体体现。

以"资助育人"制度为例,它既是一项民生制度,也是一项教育制度。为了确保资助育人的手段与目的相一致,使工具性合理服务于价值追求,需要审视该制度的价值基础和价值选择。只有从价值基础出发,才能对当前资助制度进行充分的价值判断,而不仅仅停留在修补和完善技术或程序层面上。因此,在对待制度问题时,应当同时考虑其价值性和技术性,从价值基础出发,确保制度与伦理价值相符合,以实现更好的社会治理和公共利益。同时,也需要不断审视和调整制度,使其更好地适应社会发展和变化的需求。

自从约翰·罗尔斯的《正义论》问世以来,许多学者已应用其关于分配正义的理论来探讨教育制度和政策的价值取向与评价问题。受到分配正义理论的影响,教育正义被视为基于平等和自由原则的教育产品和资源的分配。因此,在教育领域中,每个人都应享有公平的受教育机会,教育权利应平等,教育资源应共享,并应采取措施对弱势群体进行补偿。这些观点都可以以分配正义观作为理论依据。

在实际生活中,有时候会出现这样的情况:某种制度虽然没有剥夺成员的权利,但却以羞辱或欺骗的方式对待成员,通过羞辱人的方式来进行资源分配,让成员为获得权利而承受精神上的伤害。显然,很难让人认为这种制度是一种良好的制度。即使分配结果可能是物品的最佳分配,但分配者依然有可能采用羞辱人的方式进行分配,因此需要考虑分配的方法。从教育制度伦理学的角度来看,正义的资助制度不仅应关注资源、物品和利益的合理分配和负担,还应关注分配过程和方式对受助者精神和道德体验的影响,即关注受助者的尊严问题。如果只以分配结果来评判资助工作,而忽视了资助方式和过程的价值属性,可能会导致以羞辱的方式进行资助工作的现象。

然而,如果出于保护贫困生的尊严和隐私而进行"幕后操作",就容易在公正方面受到质疑。有些学校通过公开评审、答辩、公示等方式展示贫困生的个人信息,表面上看似实现了"程序公正",实际上却对受资助学生的自尊造成伤害,这是一种实质上的不公正行为。

公示贫困生名单可以被视为救助者以强者的姿态行事。然而,只要教育部门能够保持公正的态度,并且管理部门能够进行严格监督,就可以有效地避免在操作过程中出现虚假行为等问题。即使不公开受助学生的"贫困身份",同样可以确保资助工作在实施上达到"公平公正"的标准。

三、法律视角:知情权与隐私权

(一) 知情权的界定

作为一项权利,知情权主要涉及公民有权知晓他们应该知道的信息,同时国家应该确保公民在最大程度上享有获取信息的权利。

高校知情权是指根据高等教育法规定,为实现管理目标,高校拥有了解学生相关事项的权利。在高校资助工作中,知情权是高校作为管理主体的一种权利。具体而言,高校资助工作中的知情权指的是资助主体(如政府或民政部门、高校、社会资助的企业或个人等)对资助对象(家庭经济困难学生)的家庭经济状况、家庭成员情况、申请原因以及生活状况等方面进行了解。

高校资助工作中的知情权具有特殊性,因为资助主体通过行使知情权能够确保资助工作的公平公正,以及保证有限的资助资源能够真正用于需要的学生身上。然而,为了在资助工作中保持公平公正,资助主体需要了解资助对象的各种情况。如果在操作过程中无法把握信息了解的"度",或者对学生资料使用不当,就可能会侵犯家庭经济困难学生的隐私权。因此,在行使知情权的同时,需要谨慎处理资助对象的个人信息,以确保符合法律规定并尊重学生的隐私权。

(二) 隐私权的界定

1980年发表的《隐私权》被视为现代隐私权理论的奠基之作,由路易斯·布兰代斯和塞缪尔·沃伦合作完成。德国在1990年制定了《联邦数据保护法》,这进一步推动了隐私权保护的发展。维克托·迈尔·舍恩伯格在其开创性的著作《大数据时代》中探讨了信息隐私安全等相关问题。自2002年起,国外学者开始关注用户在社交媒体平台上的信息分享过程中的信息隐私安全、信息态度和行为。随着大数据时代的到来,我国越来越重视网络安全治理,2016年颁布的《网络安全法》第四章《网络信息安全》明确提出建立用户信息保护制度,旨在保护个人信息安全,防止信息泄露、毁损和丢失。学术界对信息隐私的研究主要集中在新媒体和大数据背景下的个人用户,涵盖了理论基础、研究层次、研究方法、技术背景以及研究主题等方面。

隐私这个词由"隐"和"私"两个字组成,实际上蕴含了两个层次的含义。

首先,"隐"表示秘密的事情,指的是当事人不愿意公开而被他人知晓的事情。其次,"私"表示个人的事情,指的是与公共利益或社会群体利益无关的事情。因此,隐私可以理解为当事人不愿意公开的私事,有时也被称为私生活的秘密权。从法律角度来看,隐私权是公民享有的一种人格权利,包括私人生活空间的安宁和个人信息的合法保护,防止他人非法侵扰、获取、收集、利用和公开等行为。

受助学生所享有的隐私权除了一般隐私权的特征外,还具有以下几个特点:首先,权利主体的特定性。隐私权的权利主体主要是那些申请经济资助的高校学生,而且受助学生通常对隐私权的意识相对较低。其次,权利客体的让渡性。为了更好地保护其他学生的知情权,在受助学生的认定、管理和教育跟踪过程中,高校不得不要求受助学生放弃部分隐私权,例如家庭收入情况、家庭成员健康状况以及个人学业成绩等。第三,权利内容的受制约性。隐私权的内容主要包括当事人对于个人隐私的隐瞒、利用、维护和支配等具体权利。然而,在资助过程中,家庭经济困难的学生往往处于劣势地位,希望能够顺利获得资助。即使他们了解隐私权的内容,但面对学校侵害其隐私权时,他们也很少会轻易提起诉讼,因此隐私权的内容难以得到真正的实施。这也是受助学生隐私权保护不力的重要原因之一。

第二节 隐私保护的实践困境

一、资助信息公开与隐私保护

1. 资助信息的市场价值

资助信息具有市场价值,该价值通常呈现经济学上的边际效应,主要划分为制度化公开价值和非法牟利价值两个方面。然而,这种价值并不在于信息本身,而是取决于信息传递过程和接受者的思维认知能力。换言之,信息的真正价值取决于接受者对其的感知和解读能力。对于信息的挖掘程度来说,关键在于主体个体对信息的感知和思辨能力的强弱。

(1) 资助信息的制度化公开价值

制度化公开价值主要通过学校资助管理、社会捐赠公开以及政府监察监督等方面得以体现。这种价值的实现受到学校、社会和政府等各个主体对信息安全的意识影响。随着相关主体对信息安全意识的提高,资助信息的制度化公开价值将会降低;相反,如果意识水平不断提升,则制度化公开的价值会增加。

首先,学校资助管理需要通过认定贫困生家庭的经济情况来收集资助信息,这是实现高校资助工作精准化的重要前提条件之一。

其次,由于社会经济的发展,很多企业家愿意为高校设立奖助学金,资助贫困学子完成学业。因此,社会捐赠需要获取有效的资助信息,以帮助他们更加准确地识别资助对象。

最后,政府对高校资助管理工作进行必要的监督,对上报的各项资助信息进行高度关注,及时发现问题并责令高校纠正,有利于保障资助工作的顺利开展。

(2) 资助信息的非法牟利价值

非法牟利的价值主要在于三个方面:盗卖信息、电信诈骗和贷款陷阱。当大学生的风险防范意识提升以及资助制度得到完善时,非法牟利价值会降低;反之,若风险防范意识不强或资助制度不完善,非法牟利的价值则会增加。

盗卖信息是指非法牟利者将资助信息作为交易对象,通过窃取或购买这些信息来获取利益,并将其用于电信诈骗或贷款陷阱等活动。

电信诈骗是指非法牟利者通过电话、网络和短信等方式,编造虚假信息并设立骗局,远程对受害人进行欺诈,诱使其进行打款或转账的犯罪行为。常见的诈骗手段包括招聘兼职诈骗、办理手机卡诈骗、网络刷单等。

贷款陷阱是指非法牟利者窃取或购买资助信息后,有针对性地向贫困生发送贷款信息,诱导他们贷款,并从中获取高额利息。

因此,要遏制非法牟利,需要提高大学生的风险防范意识,并加强资助制度的完善。这样可以减少非法牟利活动的发生,保护贫困生的合法权益。

2. 资助制度完善性

资助制度的完善性指的是围绕大学生资助而建立的一系列规则体系,旨在规范资助信息的公开范围并明确资助信息公开的条件。它可以通过评估资助信息的公开程度、信息隐私保护以及对信息公开权力的限制等方面来构建和评价。具体措施包括建立资助信息公开机制和制定资助信息网络技术规则,以确保公众获取资助信息的途径合法、公正,并同时保护个人信息的隐私安全。这样的完善资助制度可以提高透明度和规范性,有助于防止非法牟利活动的发生,并促进资助体系的公平性和效率性。

(1) 资助信息公开机制

资助信息的公开机制主要包括两个方面。首先是资助信息隐私保护机制,它明确了哪些信息可以公开以及公开的方式和范围。公开者应按照规定进行信息公开,确保公示的资助信息只涉及基本信息,而不包含个人隐私。资助对象也需要遵守相关规定,合法获取资助信息。其次是资助信息泄露惩治机制,高校和政府主管部门应制定相应措施来防止和惩治资助信息的泄露行为。这包括加强宣传教育,提升工作人员的职业道德素养,并对泄露信息的人员进行处罚,严重的情况可移交司法机关处理。然而,在实际中还存在一些问题,需要进一步完善资助信息泄露惩治机制。

(2) 资助信息网络技术规则

资助信息网络技术规则是用于规范网络空间治理、网络技术研发、标准制定以及打击网络违法犯罪等活动的约束性规则。在加强大学生资助信息隐私保护方面,主要有两个机制,即社会舆论监督机制和政府监督监察机制。社会舆论监督机制通过公众的舆论声音和监督力量,推动相关部门和机构执行规定,确保资助信息的隐私得到保护。政府监督监察机制则是政府部门对资助信息隐私保护进行监督和监察的机制,通过监测和检查,确保资助信息管理机构和个人按照规定履行保护资助信息隐私的责任。这两个机制的存在和有效运行,有助于保护大学生的资助信息隐私权益。

社会舆论监督机制是指社会公众可以对资助信息泄露问题进行监督,并且国家支持企业、研究机构、高校、网络相关行业组织参与资助信息网络技术研发和行业标准的制定。此外,还建立了资助信息安全投诉和举报制度,以便公众能够及时报告资助信息的安全问题。

政府监督监察机制是指国家有关部门根据法律规定履行资助信息安全的监督管理职责。当发现违反法律和行政法规禁止发布或传输的信息时,政府应要求网络运营者停止传输,并采取相应的处置措施,以保障资助信息的安全。政府还应建立资助信息安全监测预警和信息通报制度,加强资助信息的收集、分析和通报工作。

政府有责任密切监督和管理资助信息的安全性,特别是对恶意散播资助信息或恶意攻击信息管理系统等行为做出及时反应,防止资助信息的大规模扩散,确保资助信息管理系统的安全[①]。

二、知情权与隐私权的冲突[②]

在资助工作中,确实存在贫困学生隐私权与其他权利之间的冲突和协调问题。主要的冲突体现在以下几个方面。

资助方知情权与受助方隐私权的冲突:在资助过程中,资助方为了确认受助方的资格可能需要获取一些个人信息,但资助方在处理这些信息时需要注意保护受助方的隐私权。有时候,为了宣传自己的资助行为,资助方可能会过度扩大知情权范围,导致对受助方隐私权的侵犯。

资助方信息管理不善导致信息泄露:资助方在管理受助方的信息时,如果处理不当或采取了不良的方式,可能会导致受助方的个人信息泄露,这明显侵犯了受助方的隐私权。

外界对贫困生资助的质疑影响对隐私权的偏重:有时候,外界对贫困生

---

① 丁远,杨雪琴,吕承文.大学生资助信息隐私保护:基于失真模型的研究[J].黑龙江高教研究,2020(1):65-70.
② 庞丽.高校资助中知情权与隐私权的冲突及调适[J].中国成人教育,2014(21):90-92.

资助存在虚假或滥用的质疑，导致对知情权的片面强调，而忽视了对受助方隐私权的保护。

除了贫困生隐私权与知情权之间的冲突，还存在其他方面的冲突和平衡，如贫困生隐私权与高校管理权、公共利益、新闻自由、资助人及银行债权之间的冲突和平衡。有些研究者从法律关系的角度认为，对于高校侵害贫困生隐私权的问题，主要是在协调上述权益的法律关系过程中存在错误认识，而不是因为不尊重贫困生的人格。

在实际的资助实施过程中，受助者通常处于弱势地位，往往会出现隐私权被侵犯的情况。媒体曾报道多所高校网站泄露学生个人信息的事件，这些高校在公示受助学生信息时，披露了包括身份证号码、银行卡号等个人敏感信息，以及超过期限的学生资助公示信息。这些严重侵害学生权益的现象表明，在高校学生资助工作中，缺乏对贫困生隐私权的保护意识。为此，教育部发布了预警并出台紧急通知，要求高校对学生资助公示信息进行全面清理和规范，并强调应遵循"信息简洁、够用原则"，不得公开学生个人敏感信息。

如果过于强调资助程序的合法性，而忽视了知情权是贫困学生对个人隐私权的有限让渡，将无法充分认识到隐私权与其他权益之间的平衡。在处理与受助者隐私权冲突的过程中，包括知情权在内的其他权益边界必须得到合理限定，否则无法普遍确立尊重受助学生尊严和保护受助者隐私权的观念。

(一)高校资助工作中知情权与隐私权冲突的表现

高校资助工作中的三个环节确实存在知情权与隐私权之间的冲突，具体表现在以下几个方面。

1. 认定过程方式、方法不当

在家庭经济困难学生认定环节中，涉及学生个人信息的部门较多，这样扩大了知情权的主体范围。同时，由于一些人员对隐私权保护意识较弱，学生的个人信息可能被随意公开，给学生带来负面影响。

2. 资助物资发放方式不当

在资助评选、物资发放环节中，高校作为管理者可能直接参与实物资助发放，如果发放方式、方法不当，就可能侵犯学生的隐私权，并给他们贴上贫困生的标签，导致受助学生的自卑和学生间的相互歧视。

3. 贫困学生的消费隐私被过度"窥探"

在后期监督环节,资助主体有权对资助款的使用进行监督,以防止过度消费。然而,一些高校要求家庭经济困难学生定期汇报资助款的消费去向,甚至可能因为某次较高标准的购物行为对学生进行非议。这样的过度"窥探"消费隐私给学生造成严重心理压力,有时候甚至导致学生放弃或撤销家庭经济困难学生认定。

为解决这些冲突,高校需要加强对家庭经济困难学生隐私权的保护意识,合理限定知情权的范围。同时,资助程序中各个环节的参与者应该严格遵守法律、尊重学生的个人隐私权,确保认定过程、资助发放和后期监督等环节的合法性和合规性。另外,需要加强制度建设,明确资助相关规定和程序,确保学生个人信息的机密性和安全性。最重要的是提升全社会对于贫困学生的尊重和理解,减少对他们的偏见和歧视,共同营造尊重隐私权的良好环境。

(二)高校资助工作中知情权与隐私权冲突的根源

(1)高校学生隐私权保护不完善以及缺乏健全的管理规则制度是导致高校资助工作中出现知情权和隐私权冲突的主要因素。目前,民法通则将隐私权视为公民肖像权、名誉权、人格尊严权的附属权利进行保护,而《高等教育法》中却未明确提及高校学生隐私权的保护。这为资助工作者在知情权扩大的过程中提供了法律漏洞,使得学生无法保护自己的合法权益。

在资助过程中,资助工作者作为强势群体,而受助学生则属于弱势群体。由于传统思维定势的影响,一些高校管理者为了维护学生权益和学校管理需要,可能会侵犯学生隐私权。这种情况下,学生的隐私将受到侵害,但他们却无力对此采取法律手段维护自己的权益。

(2)在法律意识不断觉醒的社会背景下,高校学生对自身权利的意识和法律意识逐渐增强,这也成为导致高校资助工作中知情权和隐私权产生冲突的另一个原因。

近年来,随着我国社会经济的快速发展,人们对权利保护的认识日益提高,越来越多的人开始重视个人隐私的保护。许多高校将培养学生法治观念列为大学生素质培养的重要任务,并在校内开设法律基础课程,开展校园法治文化活动,营造积极的法治氛围,培养学生的法律意识。因此,具有意识觉醒的大学生越来越注重在教育活动中对人格尊严的尊重和保护。如果从事资助工作的工作者不能及时改善粗暴的工作方式,不尊重学生的隐私权,必然会引发资助工作中知情权和隐私权的冲突。

第三节　隐私保护的主要策略

为了保护大学生的资助信息隐私，可以从以下几个方面提出相应策略。

一、法律保障

法律在维护社会稳定、保障公民利益方面起着重要作用，同时与个体主体的自我约束和道德规范相结合，共同规范和限制行为。相较于纯粹依靠个体自律，法律更具约束力，有助于提升个体的自我约束意识。大数据来源于社会，是社会存在的一部分，因此要解决大数据信息伦理问题，除了依靠道德伦理，还需要借助法律的力量，建立并完善相关的法律法规。

首先，需要完善关于信息的立法。随着大数据技术的快速发展，信息伦理问题也不断浮现，影响个人和社会的稳定。虽然过去已经有了一些关于信息的法律规定，比如商业秘密保护暂行规定、通信网络安全防护管理办法、信息安全等级保护管理办法、互联网安全保护技术措施规定，以及信息安全法、电信法等，然而，国家在2016年发布的《网络安全法》虽然对个人信息主体权益保护进行了规范，但对大学生资助信息隐私保护方面的具体标准尚未明确。因此，应着重制定针对性的法律条款，建立更多、更明确的信息法律框架，严厉打击非法收集、披露、提供和买卖大学生资助信息的行为。

其次，需要加强对信息技术的监管和支持法律措施。信息技术可以用于监管、预防和减少信息滥用、信息违法和其他信息伦理问题。特别是在网络信息方面，信息技术能够起到重要的监管作用，进一步减少信息伦理问题的发生。

二、制度设计

为保护大学生资助信息的隐私和防止泄露，需要进行制度设计，主要包括完善资助信息公开机制和资助信息网络技术规则。

一方面，学校和教育主管部门作为主要承担资助工作的机构，应建立健全大学生资助信息隐私保护机制和隐私泄露惩治机制;制定相应的规范准则,明确资助信息公开的权限、范围、内容和方式。在资助申请认定过程中,可以采取"代码制"和"实名制"相结合的双重评议制度。其中,"代码制"是指对申请学生进行数字编码,在评议时不公开申请人的真实姓名,这样既保证了评议的公正性和透明度,又保护了学生的隐私权。此外,在资助信息公开之前,可以对信息内容进行技术处理,例如在涉及隐私信息的部分打上马赛克等。对于恶意泄露资助信息的工作人员,应该受到严肃处理。通过这些制度设计,可以有效保护大学生资助信息的隐私,防止学生信息泄露,保障学生的权益。

高校可以加强对家庭经济困难学生信息的管理,定期整理学生信息,并采取专人传递和定期销毁的方式。同时,相关人员应接受培训,严禁宣扬和泄露学生的隐私,将学生隐私的暴露范围严格控制在认定程序和参与人员内部。对于泄露家庭经济困难学生信息的行为,要给予相应的处罚,以确保其不会外流或泄露给无关人员。此外,还需要完善高校学生维权途径,特别是针对家庭经济困难学生的维权工作,需要学校和教师的合作支持。高校可以建立学生权益中心,负责具体的在校学生权益维护工作,最大程度地维护和争取在校学生的权益。

另一方面,政府和社会应该承担监督和监察的责任,发挥净化网络环境的作用,并推动大学生资助信息隐私保护工作的进行。此外,高校应重视贫困生的心理健康,维护他们的人格尊严,并改变传统的带有"身份性标识"的资助模式。

三、技术支持

为了保护大学生的资助信息隐私,资助信息管理系统的安全性至关重要。在大数据时代,个人信息具有更高的经济价值,非法盗取个人信息的网络入侵事件越来越多。因此,国家应该增加对各级资助信息管理系统的技术投入,对系统进行必要的升级和修复漏洞,并为资助信息管理系统设置智能防火墙。当系统遭受非法入侵时,智能防火墙能够自动分析风险程度,并根据评估结果提供相应的防护建议和防护时间。

国家的网络安全部门应该负责维护网络环境的安全,并支持、鼓励企业与高校合作,共同推动资助信息管理系统的升级和技术研发工作。政府还可以设立专项基金,吸引更多的网络技术人才参与到资助信息管理系统安全的维护工作中。

四、主体意识

为加强资助信息的安全保护,需要采取两方面的措施。

首先,提高资助信息公开主体的信息安全意识。学校、社会和政府部门在进行资助信息公开时,应严格遵守个人信息隐私保护的相关规定,并限制信息公开的权限。同时,需要不断提升信息安全意识,对于违反规定的个人或主体应追究责任。全国学生资助管理中心已经要求所有学生资助工作人员保护学生个人信息和隐私,要求他们严禁公示个人敏感信息,尊重和保护学生的个人隐私。

其次,培养大学生的信息观念和隐私意识。作为公民,在产生和传播个人信息时,已经置身于大数据中。隐私的最高价值在于个人的人格尊严和自由独立。在产生个人信息时,需要考虑自身权益和信息风险,并提高信息的敏锐度。个人应该充分认识和分辨隐私的重要性,意识到隐私对自身保护的重要性。在传播信息时,需要考虑传播平台和媒介的安全性,以及传播信息中是否涉及自身和他人的隐私。对于隐私数据,在传播过程中要明确权责,预防或阻止他人非法盗取隐私数据。每个公民都有权利保护个人隐私,在没有授权的情况下,可以要求对方删除并追究其法律责任。

大学生如何积极树立科学的信息观念和隐私意识涉及学校、家庭、社会教育以及个人自我培养的多个方面。针对学校来说,他们可以定期组织信息隐私保护主题教育活动,并邀请公安部门的工作人员来进行各类防诈骗讲座,帮助大学生提高警惕性,掌握防范诈骗的方法和技巧。而家长在日常生活中,可以加强与子女的沟通交流,如果发现权益受损的问题,应引起警惕并及时报警。此外,社区也可以定期组织防诈骗宣传展示或分发宣传手册等活动,提高居民的防范意识和能力。最重要的是,大学生自身要提升对各类网络信息的辨别能力,不要随意泄露个人身份信息,切勿给非法牟利者提供任何机会。通过综合这些方面的努力,才能使大学生建立起科学的信息观念和隐私意识,更好地保护自己的权益和隐私。

第六章 构建精准资助育人体系

在习近平新时代中国特色社会主义思想指导下,我国高校不断推进教育公平,提高资助人质量。高校在帮助贫困生经济脱贫的同时,需要贯穿育人的价值导向,实现从"输血"到"造血"、从"授鱼"到"授渔"的转变,达到真善美境界。在探讨优化高校资助育人的主要对策时,资助育人理念的创新是根本,其以完善保障资助公平的长效机制和提升资助育人模式的有效性为重点,并不断升华思想政治教育综合导向作用。

第一节 创新精准资助育人理念

理念是引领变革的关键。优化高校资助育人工作的首要任务是改变传统观念,整合传统的资助理念,并引入创新的精准资助育人理念,这是提升资助育人工作效果的基石。精准资助育人旨在提高贫困生的综合素质和各项能力,包括学习、心理、社交和实践能力等。在经济援助的基础上,通过开展精确而有针对性的教育和指导活动来实施精准育人。精准育人涉及主体和对象的准确定位、育人手段和形式的创新、内容和途径的明确以及成效和目标的考虑等多个方面。它强调资助对象的准确命中、需求的准确识别、形式的准确选择、内容的准确匹配以及效果的准确评估,特别注重育人工作的发展性、差异性、针对性和实效性。其目标在于让每个贫困生都能提升能力和素质,从而实现立德树人、长期脱贫的目标。通过引领变革理念,能推动高校资助育人工作迈向更高水平。

一、基本:精准性资助育人

理念是引领变革的关键。优化高校资助育人工作的首要任务是改变传统观念,整合传统的资助理念,并引入创新的精准资助育人理念,这是提升资助育人工作效果的基石。精准资助育人旨在提高贫困生的综合素质和各项能力,包括学习、心理、社交和实践能力等。在经济援助的基础上,通过开展精确而有针对性的教育和指导活动来实施精准育人。

二、保障：公平性资助育人

高校资助育人工作应该遵循罗尔斯的正义原则，即平等自由原则和差别原则。平等自由原则要求每个学生在教育机会公平的条件下都有平等接受高等教育的机会，不受歧视。而差别原则则要求关注贫困生的特殊需求，进行差异化的资助育人，以实现合理的利益补偿。实现公平性资助是一个渐进的过程，需要综合考虑全面教育与重点提升、共性需求与差异需求、短期需求与长期发展的结合。

在资助育人工作中，首先，要坚持全面教育与重点提升相结合的原则，注重全面发展和重点培养，避免浅层次的整体教育或片面的点对点教育。其次，要将共性需求与差异需求相结合，根据贫困生的问题和需求，进行分类和分层次的教育，实施因人、因类、因需施策，推动精准育人理念的贯彻落实。最后，要将短期需求与长期发展相结合，既帮助贫困生顺利完成学业，也要关注他们的职业发展和个人成长，为他们提供持续的支持和动力。

这样做能够确保高校资助育人工作既照顾到公平原则，又兼顾贫困生的特殊需求，推动他们全面发展并实现长期的自我成长和职业发展。

三、主旨：发展性资助育人

精准资助育人是一种发展性的资助模式，相较于传统的保障型资助，精准资助更注重学生的成长和发展。在这种模式下，资助政策是动态调整的，资助目标不仅仅是为了保障基本生存，更要让学生有所成长，实现"育人"的深层次追求。从供给侧来看，精准资助育人需要各个育人要素和发展资源与学生的发展需求高度匹配，并对教育主体、介体和客体之间的协调融合、同向同行形成高效的"需求—响应"机制。同时，也需要激发贫困生的发展主动性、能动性和创造性，开展差异化、动态化、多元化和个性化的发展路径，建立个体发展的动态跟踪和评价制度，完善包括学生素质发展程度、能力发展状况、可持续发展能力、职业发展核心能力等指标的精准育人成效衡量体系。

发展型资助是建立在精准物质资助的基础上、以学生的成长成才为导向、以促进学生全面发展为目标、以资助的育人功能为手段、以法制化建设为保障的资助模式。发展型资助模式的核心是资助育人，贫困生资助工作在本质上是育人工作,是通过多种形式的帮扶来促进学生的全面发展,其根本目的是培养学生成为合格的社会人。资助工作承载着教育的功能,发展型资助理念强调的正是把学生培养成为身体健康、品德高尚、有足够的专业知识技能和综合文化水平的全面发展人才。其中就业能力反映了社会认可度,是综合素质的核心。

1. 基于生存谋求生活

建国以来,我国的学生资助较多关注于在学生经济层面的解困,旨在解决学生的生存困难,也取得了显著的成果。众多的贫困大学生在国家的资助下顺利完成了学业,并为各行各业的发展贡献了自己的力量。但是,贫困生缺少的不仅是经济上的帮扶,他们的精神世界也同样需要帮助。他们渴望被关注、被理解、被尊重,更渴望被给予机会、得到认可。在生存的需求得到满足之后,他们更渴望能获得生活。仅仅停留在经济层面的帮扶是难以满足贫困生的发展需求的。

发展型资助理念强调在满足生存需求的基础上谋求生活水平的发展提升,把学生作为教育对象来看待,在解决温饱问题之后关注其精神领域,培育其拥有开阔的视野、乐观的态度,感受生活、热爱生活,成为一个有文化有品位有人文关怀的人。

2. 基于成长谋求成才

大学生正在度过人生最宝贵的青春时代,贫困生也是如此。他们是一个个综合素质有待开发的个体,一个个性格品质有待养成的生命,而大学时代的学习和生活将会对他们综合素质的开发、性格品质的养成、知识文化的储备、专业能力的锻炼产生重要影响。发展型资助理念强调的正是基于学生的健康成长,通过发挥资助的育人机制,把学生培养成社会有用之才。

对于贫困生而言,成长是基础,成才是目的。成长为综合素质全面发展、性格品质健康优良、知识文化基础扎实、专业能力绝对过硬的人才,是贫困生的追求。对高校来说,教育的目的在于育人,将贫困生作为独立的生命个体温柔对待,使其能够成长为有灵魂、有品德、有文化的新型人才,应该成为高校学生资助的目标追求。对国家来说,国家需要的不仅是拥有某一专业领域知识的技术人才,而是综合素质过硬的全面发展人才,因此学生资助工作的出发点也是为国家培养优秀人才。

3. 基于求学谋求求职

长期以来,学生资助关注的是帮助学生完成学业,经济资助不能从根本上解决贫困生问题。由于社会资源和阶层的差异,贫困生的综合素质和专业技能与其他学生存在一定的差距。面对就业市场的激烈竞争,贫困生往往处于劣势。对学生资助工作来说,要注重提高贫困生的职业素质和求职能力。

发展型资助理念注重培养学生的就业能力。所谓"授之以鱼,不如授之以渔",在帮助学生完成学业的基础上,更重要的是通过专业技能培养、心理素质提升等方面的教育让学生拥有自力更生的能力,使其能够顺利求职、发展能力、实现个人和家庭的脱贫甚至实现社会阶层的跃升。

第二节 完善精准资助育人工作机制

一、建设素质优良的育人队伍

建设一支结构合理的资助育人队伍,包括专职和兼职教师。随着高校资助工作的不断发展,已经建立了比较完善的资助机构和育人队伍,其中高校教师起着重要的作用。特别是资助中心的工作人员和高校辅导员,他们直接负责开展资助育人工作,承担着政策宣传和资助评定等重要任务,是推动高校资助育人工作的核心力量。因此,必须从源头上加强该队伍的建设。在招聘环节,应该严格把关,将学历标准、专业背景、信息处理能力、政策宣传能力以及思想政治教育技巧等关键素质列为选拔指标,选拔优秀的年轻教师来加强资助育人队伍。通过这样的举措,可以确保队伍的素质和能力,为资助育人工作提供可靠的支持。

进一步完善导师制度建设。导师制在指导学生的学习和生活方面起到了至关重要的作用。通过导师制的结对育人模式,不仅可以有效指导学生的学业问题,还有助于加强心理辅导、价值观教育和就业指导。为了加强资助育人队伍,应该贯彻全员育人理念,并实施导师制。这样可以充分利用现有的教师资源来壮大资助育人队伍。同时,也应该注重发挥家庭教育和社会教育的育人作用,协调家长和社会志愿者,建立起全员育人的联动机制。此外,在制定职称评定、职务晋升等相关政策时,学校也要考虑资助育人工作的重要性。

加强资助育人工作者的培训。高校资助育人是一个复杂的长期工程,对工作者的素质要求较高。为了确保资助育人工作的精准开展,必须通过定期培训提升育人队伍的专业素养和技能。首先,要进行资助业务和专业技能的培训。资助人员需要熟悉国家各项资助政策、校内的资助制度和评选流程,以便高效地开展日常工作。他们还需要掌握一定的计算机技能、管理协调技能和心理疏导技能,以妥善处理资助工作中的矛盾。其次,学校应当鼓励教师积极开展资助育人课题研究,并提供从课题申报到后勤保障等方面的支持;应该鼓励教师进行资助育人的实践调研,不断提高资助育人工作的精准性。最后,要加强师德师风教育,开设专题学习课程并举办模范评选活动,营造良好的资助育人氛围。

二、搭建特色鲜明的育人平台

(一)建立资助育人网络服务平台

首先,开发资助育人服务网站和管理系统。每个高校可以根据自己的实际需求和特点,在参考全国资助管理中心网站的基础上建设与本校资助育人工作相关的服务网站。该网站可以包括资助政策宣传模块,提供资助政策、申请程序介绍和文件下载;资助信息公示板块,及时发布最新的资助项目和评选要求,并严格按时公示评选结果;自立自强典型育人模块,将校内自强之星的励志事迹进行宣传,同时挖掘社会上的先进模范榜样,激励学生树立信心和目标。为确保服务质量,需要定期更新和维护网站内容,可以指派专人负责。

其次,充分利用电子媒介等宣传载体。有条件的高校可以自主研发资助软件的APP,针对本校学生特点开发个性化的资助育人服务系统,推荐学生在手机上下载使用。这样可以为学生提供信息浏览、在线申请、举报投诉、线上解答等一系列服务。另外,还可以建立资助育人的微信公众号,不定期向学生推送资助育人信息,方便师生互动和讨论育人话题。

此外,在校园管理系统的建设上也要加强工作。例如,可以借鉴广西各高校使用的建档立卡系统,将校园服务系统与政府相关部门的管理平台对接起来。这样学校资助中心和生源地民政部门的数据可以实时共享,从而提高学生资助信息的搜集更新速度,并有效提供各种数据的备案核查,提高资助服务的效率和精准性。

(二)建立专门的资助政策宣传平台

高校的贫困学生资助是国家扶贫工作的重要组成部分。我国为家庭经济困难的大学生设立了各类资助项目,构建了混合资助体系,旨在为不同情况的学生提供精准帮扶。然而,一些高校的资助政策宣传不到位,导致学生及家长未能及时了解。

例如，一些偏远地区的家庭由于学费问题陷入困境，他们不了解"绿色通道"政策可以为贫困新生先办理入学手续，并根据学生实际情况通过奖助、贷款、补助等方式进行帮扶。在校学生虽然或多或少了解各类资助政策，但了解程度不够充分。因此，部分学生由于对资助政策的不了解而难以结合自身情况获取到应有的资助，甚至出现消极等待的现象。

为改善这一情况，高校可以从入学前和入学后两方面着手加强资助政策的宣传。首先，在入学前，高校资助部门可以通过新媒体等途径向新生推送资助政策相关内容，让他们提前了解并掌握有关信息。其次，在入学后，高校可以将资助政策科学融入新生入学教育过程中，通过微信公众号、相关网站、主题班会等方式有针对性地开展资助政策宣传，向学生普及政策知识，并提供咨询和解答服务，确保学生能够充分了解并正确利用各项资助政策。这样的宣传工作旨在提高学生和家长对资助政策的认知度和理解度，帮助他们更好地享受到应有的资助帮扶。

(三) 建立党员结对帮扶平台

高校中的学生党员通常是在学习和社会实践方面表现优异的个人，他们坚定地信仰马克思主义，具有正确的价值观和人生理想，同时展现出自立自强的良好品质，对学生群体来说是重要的力量。学生党员怀有强烈的服务同学的愿望。在高校资助育人精准化建设中，可以充分利用这支队伍，发挥同辈群体的作用，建立党员和困难学生之间的一对一帮扶机制，以提升帮扶教育的精准度。党员同志发挥先锋模范作用，以身作则来激励困难学生坚定理想信念并积极向上。

首先，可以将入党积极分子和预备党员的培养与帮扶贫困生结合起来。这些同学的参与不仅可以增加育人队伍的实力和帮扶能力，还可以为他们提供一个锻炼的平台。

其次，应将贫困生帮扶纳入党支部的建设中。一方面，要策划多样化的党员帮扶活动，鼓励党员关心贫困生的学习和实践；另一方面，要加强监督和考核，确保物质和精神帮扶的时效性。

通过以上措施，可以充分利用学生党员的优势和力量，推动高校资助育人工作更加精准有效地开展，同时提升困难学生的成长和发展。

三、采用温暖智慧的育人方式[①]

在数字化时代,树立"精准资助"工作理念、构建高校资助育人精准工作模式变得尤为关键,它与教育的公平性和社会的稳定性息息相关。评定家庭经济困难学生是实现精准资助的前提,也是学生资助工作开展的基础。当前,教育脱贫攻坚已经进入全面展开的阶段,因此,学生资助工作必须突出"准"字,加强精确施策。在信息化时代,可以利用大数据平台,构建智能、温暖、内涵丰富的资助体系,并注重关注资助过程中的每一个细节,以保证学生能够同时感受到尊严和温暖。

(一)实现有智慧的精准资助

精准资助是通过科学合理地配置资源,将教育资助针对性地提供给最需要的人和事,从而实现相对资源利用效益的最大化。在信息化时代,可以利用大数据平台来分析学生的日常消费情况、家庭经济状况、贫困原因等信息,确保对受助对象进行精确认定。建立班级、院系和学校资助管理中心三级认定工作平台,采用多种指标对家庭经济困难学生进行筛选,以提高认定过程的效率和准确性。同时,通过评估与分析资助结果来规范资助育人机制,实现可持续发展。对于受助学生的发展情况,通过互联网实时跟踪调查,并采用敦促法进行跟踪,以便及时了解他们的生活与信用情况。对于违规行为,进行相应的教育或处理措施,对已毕业的受助学生,通过网络了解他们的毕业后情况,以便调整资助方式方法,使资助工作更好地满足大多数人的需求。

(二)打造有温度的隐形资助

要提供给家庭经济困难学生更加人性化、隐形的资助方式。在学生入学前,通过大数据平台对学生进行精准识别,确保没有遗漏任何一个需要帮助的学生。采取实地走访的方式,将绿色通道延伸到每个学生家中,确保资助教育真正沁入学生的心灵。同时,利用数字迎新系统,在学生入学、现场报道和入学后的各个环节提供细致入微的隐形资助措施,为学生创造温暖

[①] 焦莹莹.高校大学生资助工作的育人功能研究[D].西安:西安科技大学,2020.

和关爱。

重视家庭经济困难学生资助工作中的人文关怀,考虑到这些受助对象可能会感到敏感或自卑,尊重他们的尊严和隐私。通过大数据和校园智慧系统,保护学生个人信息的安全,采取更加人性化的方式将资助金直接打入学生饭卡或银行卡上,有效避免了个人信息泄露的风险。这种人性化的资助方式既体现了高校对家庭经济困难学生的关怀,也符合以学生为中心的教育理念。同时,这也是一堂生动的人文关怀和人格尊严的课程,为学生的成长和发展带来深远的积极影响。通过这样的资助方式,能够更好地服务于家庭经济困难学生,让他们在学业上无后顾之忧,积极向前迈进。

(三)开拓有内涵的发展型资助

当前高校大学生资助工作正朝着发展型资助的方向转型,着重关注受助学生的思想引领、能力提升和文化传承等方面。利用大数据平台来挖掘和分析家庭经济困难学生的潜在需求,并根据这些需求提供相应的资助。同时,通过网络媒体平台宣传感恩教育、诚信教育和自立自强意识等价值观念;运用"易班"平台,按照不同层次开展资助育人活动。此外,通过微信小程序为学生提供线上办理资助事务的便捷服务,同时设置一些职业生涯规划、技能培训和就业指导的模块,以拓展资助育人工作的时代感和吸引力。借助大数据的精准分析,全面推进精准资助,构建全员参与、全过程管理和全方位服务的资助育人格局,确保资助育人的成效得以实现。

四、构建资助育人评价体系[①]

(一)CIPP 模型与高校资助育人成效评价的适切性

在 1967 年,美国学者斯塔夫比姆提出了 CIPP 模型,该模型包含了背景、输入、过程和结果四个评价要素。与该模型相一致的是,高校资助育人工作注重受资助学生在育人、成才和回馈方面的不断进步,同时传递诚信精神和培育感恩回报意识等价值观。在这个过程中,高校需要整合各种资源

---

① 唐业喜,杨蔓红,马艳.基于 CIPP 模型的高校资助育人成效评价体系研究[J].教育财会研究,2020(3):71-75.

来支持资助育人工作,把控整个过程,并对成效进行评价。因此,CIPP模型与高校资助育人工作具有较高的契合性和一致性。它们都强调了注重实施过程的改进,而不仅仅关注结果的证明。

1. CIPP模型的阶段性和反馈性,适切于资助育人工作的不同阶段

在资助育人工作中,资助是基础支持,而育人则是最终目标。CIPP模型是一种管理导向型的评价模型,它注重决策导向、过程导向和改进功能。通过CIPP模型,全面评价资助育人工作的各个方面,包括环境基础、资源配置、行动过程和成果实效等。利用CIPP模型对资助育人成效进行评价,可以在工作开展过程中实时了解工作进展,并发现潜在问题和不利因素。通过评价指标,可以找出出现纰漏的环节,并及时进行调整,从而为资助育人工作的改进和成效提升做出贡献。

2. CIPP模型的可操作性和灵活性,适切于资助育人成效评价复杂多样性

资助育人成效评价是一个复杂而持久的过程,CIPP模型具有高度的可操作性和灵活性。在评价过程中,根据不同阶段选择相应的指标,并对不同方面进行评价。同时,通过广泛获取各方的反馈信息,并作出相应的回应,以实现对资助育人实践工作的指导和完善。CIPP模型将多个层级的小评价指标集合到最终的评价框架中,避免了实际工作中选择上的偏差,提高了其实用性和科学性。

资助育人以提供资助为手段来达到育人目标。如果仅仅以资助金是否到位作为评价标准,将无法完全反映整体工作的成效。而高校资助育人成效是一个持续发展的过程,仅对阶段性成果进行评价无法真正体现其效果。因此,需要将评价作为资助育人工作持续运行的改进工具。CIPP模型选择综合考虑了资助育人的特点和高校资助育人工作的属性,它的评价注重产生性结果,从目标导向转变为决策导向,使评价成为资助工作的一部分。正是CIPP模型的这些特点决定了它在高校资助育人成效评价中的适用性。

(二)基于CIPP模型的高校资助育人成效评价体系构建

高校资助育人的环境基础能力是进行背景评价的前提,资源配置能力是输入评价的保障,行动过程能力是过程评价的核心,成果实效能力则是结果评价的关键。

这四个评价要素相互依存，共同构成了高校资助育人成效评价体系的整体框架和结构。

1. 环境基础能力

高校资助育人的环境基础能力指的是对高校资助工作环境进行考察评价，包括社会环境、基础现状、教育政策等方面。其目的是评估高校展开资助育人工作的可行性，分析社会环境、基础现状、教育政策对资助工作的影响，并在此基础上持续改善环境氛围、了解基础现状，并充分落实教育政策，以提升高校资助育人的环境基础能力。高校资助育人的环境基础能力是构建高校资助育人能力的前提条件。

2. 资源配置能力

高校资助育人的资源配置能力是指在资助育人工作开展过程中，对人力、物力和组织等资源进行合理分配和有效利用的能力。高校资助育人主要依靠国家资助、社会捐助和学校奖助等经济资源，充分投入和合理分配经济资源是实现资助育人功能的基础。

人力资源包括高校资助育人工作者的数量和业务能力。在新时代，资助育人工作任务繁重复杂，需要合理配置专职资助育人工作人员，并加强他们的业务能力，以实现工作效率的提高。

组织资源是指在资助育人活动过程中对高校资助工作计划的评估。这包括资助育人工作小组的组建、资助方案的制定以及资助数据的管理等方面的工作。这些组织资源的合理利用，有助于确保资助育人工作的顺利开展和达到预期的效果。

总之，资源配置能力是高校资助育人工作过程中的重要保障。通过合理分配和有效利用人力、物力和组织等资源，可以确保高校资助育人工作顺利进行，并提高工作效率和效果。这种能力的发展和提升对于实现高校资助育人目标至关重要。

3. 行动过程能力

高校资助育人行动过程能力是指高校在进行资助工作时，通过广泛宣传国家和高校的资助政策和项目、举办资助育人诚信感恩等相关活动、与受资助学生进行有意义的对话，以扩大资助育人工作的影响力。同时，高校还需要规范管理，接受师生对资助育人工作的全面监督，以提高家庭经济困难学生认定的准确度和资助育人的成效。

可以说,高校资助工作是否能充分发挥育人功能,在很大程度上取决于资助育人行动过程的有效性。通过有效的宣传、活动以及与学生的沟通,高校可以增加对学生的关怀和支持,进而提升资助育人工作的实际效果。同时,规范管理和接受监督也可以确保资助工作的公正性和透明度,使家庭经济困难学生真正获得应有的资助和帮助。

4. 成果实效能力

高校资助育人成果实效能力是指高校在开展资助工作时,通过评估受资助学生的学业表现、毕业去向、生活品德、社会服务及其他技能提升等方面的水平,来衡量资助育人的绩效和贡献。这种能力是高校资助育人工作的核心,也是评价高校资助育人能力的关键因素。

为了评估高校资助育人成果实效能力,可以采用CIPP评价模型,将评价体系细化为环境基础、资源配置、行动过程和成果实效四个主要指标,并进一步划分为10个分指标和26个子指标。通过对这些指标的评估和分析,可以全面了解高校资助育人工作的效果和潜力,为进一步提升资助育人能力提供有针对性的建议和改进措施(表6-2-1)。

表6-2-1 高校资助育人成效评价指标体系

一级指标	二级指标	三级指标
背景评价:环境基础	社会环境	社会人士对在校受助学生的关注度
		社会机构对受助学生的扶持度
	基础现状	资助育人工作者的经验
		受助学生比
		受助学生对资助资金的需求度
	教育政策	资助育人国家政策数
		学校资助政策数
输入评价:资源配置	经费投入	国家资助总金额
		社会捐助总金额
		学校资助总金额
	组织计划	学校资助人员配置合理性
		学校资助计划现实性

续表

一级指标	二级指标	三级指标
过程评价	资助项目	资助项目的宣传力度
		资助管理规范性
	途径监督	举办资助育人相关工作讲座数
		教师与受助学生年均谈话次数
		学生对监督工作的满意度
结果评价：成果绩效	育人效果	受助学生在校期间所获省级以上奖项数
		受助学生考研率
		受助学生就业率
	成才效果	受助学生偿还助学贷款比例
		受助学生的人生规划意识
		资助育人工作师生满意度
	回馈效果	受助学生参加志愿服务活动次数
		受助学生参加感恩活动次数
		受助学生到基层、西部工作人数

通过对资助育人各项指标进行量化评价，可以客观地衡量高校资助育人工作的成果实效。评价结果将被及时反馈给资助育人工作者，以提供有针对性的改进意见和建议，从而达到不断改进资助工作的目标。

五、协同资助育人主体

根据《高校思想政治工作质量提升工程实施纲要》，全面推进资助育人成为高校思想政治工作的重要任务。资助育人工作需要各方共同发力，包括政府、学校、社会和学生。

政府在资助育人中扮演主导角色，提供政策支持和经费保障，为高校资助育人工作创造良好环境。学校则需与政府密切合作，协调资源，制定具体措施，确保资助育人工作能够有效开展。社会也应积极参与资助育人，提供实践机会、经验分享和职业培训等支持，扩大学生的成长空间和发展渠道。而学生本身也要主动践行资助育人理念，积极参与学校和社会提供的各类教育培训、实践活动等，全面发展自身素质。

为构建协同资助育人机制,需要各主体之间形成紧密配合的合作关系,共同育人责任达到最佳效果。这意味着政府、学校、社会和学生将共同努力,推动全员参与育人、全过程参与育人和全方位参与育人的模式建设,确保高校资助育人工作能够全面而有效地展开,为培养德智体美劳全面发展的高素质人才作出应有的贡献。

1. 政府主导资助育人

政府作为高校资助育人工作的管理者,在新时代高校资助育人工作中发挥着主导地位,并将长期扮演这一角色。党和政府高度关注家庭经济困难学生,高度重视资助育人实践与探索,并且始终确保高校资助育人工作稳步推进。在资助育人工作中,高校资助育人秉持着"做强自身、摸准底数、精准施策、强化育人"的发展思路,注重统筹规划和顶层设计。

一方面,高校资助育人工作坚持精准资助。不再采取"大水漫灌"的方式,而是实行"精准滴灌",完善具体认定办法,建立识别认定机制,实现对家庭经济困难学生的全覆盖。同时,研究完善资助范围,建立资助标准机制,根据不同困难程度、地区和学校等因素,合理确定资助标准,科学公正地分配资金。此外,探索资金拨付方式,改进资金发放机制,利用新的金融技术确保资金及时足额发放给高校。

另一方面,高校资助育人工作强化资助育人功能。转变保障型资助为发展型资助,树立资助育人理念,围绕立德树人任务,构建新时代高校资助育人质量提升体系。通过全员育人、全过程育人和全方位育人机制,将育人要素融入资助部门、项目和环节中,推动高校继续开展爱国主义教育、励志教育、诚信教育、感恩教育,培养家庭经济困难学生具备崇高的爱国情怀、不懈的奋斗精神、良好的道德品质和无私的奉献精神,使他们成为德才兼备、全面发展的时代新人。这样的努力有助于高校资助育人工作更好地服务于社会发展和国家建设的需要。

2. 学校联动资助育人

学校在发展型资助体系中扮演着协调的角色,全面贯彻党的教育方针,致力于优化高校资助育人工作。学校以资助育人导向为指引,实施"发展型资助的育人行动计划"和"家庭经济困难学生能力素养培育计划",将资助育人理念融入资助项目的全过程,打造一批具有示范意义的"发展型资助的育人示范项目",并夯实资助育人平台。学校还展示优秀案例、推选先进人物,规范资助育人管理。

一方面,学校加强规范资助管理制度。预防资助政策变形,确保资助政策的执行不偏离初衷,推进科学规范发展。举办"资助文化节"等活动,促进高校资助育人工作的规范化、标准化和信息化,保障家庭经济困难学生接受公平的教育机会。

另一方面,学校全面构建资助工作一体化。将学生资助工作与学生工作紧密结合,衔接思想政治教育、心理健康教育、社会实践教育等方面,实现两者的相互促进与统一。通过提升资助育人公平性和工作效率,达到提升资助育人工作效果的目标。

此外,学校注重规范机构队伍建设。配备独立建制的资助机构,并提供充足的经费保障。加强专职人员培训和经验交流,提高他们的胜任能力。同时,鼓励兼职人员积极参与资助育人工作,与心理健康咨询中心、就业创业指导中心、后勤保障处等部门的教职员工相互合作,打造科学、多元、创新的高校资助育人队伍,形成良好的资助育人校园氛围。

3. 社会参与资助育人

在高校资助育人工作中,社会力量扮演着补充的角色。高校资助育人是一个系统性的工程,需要各方共同参与和建设。只有政府、学校、社会和学生共同努力,才能够实现资助育人这项关系民生、连着民心的基础性工程的可持续发展。

不同主体在资助育人体系中会采取不同的方式和手段,应该齐心协力,共同致力于资助育人工作,凝聚力量共同应对挑战。构建社会、政府、学校和学生之间的纽带和桥梁,全面推动高校资助育人工作的高质量发展。

一方面,要营造良好的社会氛围。政府作为资助政策的制定者和决策者,应该尽早出台一系列优惠政策和措施,加强对资助育人工作的政策支持。社会力量如果在高校设立奖学金、助学金,将享受税收等优惠政策,个人也可以得到荣誉表彰,这将调动社会力量参与资助育人的积极性。

另一方面,各方需要主动承担相应的社会责任。高校和企业应该追求共同发展,加强校企合作,促进产教融合。将产业和教学紧密结合起来,培养创新型、复合型、应用型人才。同时,广泛动员社会团体、企事业单位和个人,共同参与资助贫困学生的工作,营造浓厚的助学氛围。这样的合作将实现多方共赢的局面,推动产学研发展,提升整体水平。

只有社会各方共同行动,形成强大合力,才能够实现高校资助育人工作的全面发展和取得更好的成效。

4. 学生践行资助育人

作为高校资助育人工作的受益者,学生是整个体系中最基础、最重要的一环。在新时代,高校资助育人工作要紧紧围绕立德树人的根本任务,培养和践行社会主义核心价值观,并将之贯穿于整个资助育人过程中。为此,需要通过开展学校教育、社会教育、家庭教育以及自我教育,引导学生自觉陶冶情操、启迪思想,帮助他们扣好人生的第一粒扣子。

具体来说,高校资助育人工作应该全面发展素质教育,科学确定德育目标,充分发掘德育内涵,合理设计德育方法、内容、途径,构建德智体美劳五育并举的教育体系,精心打造更高水平的人才培养体系。这样可以培养学生勤奋学习、自觉贯彻社会主义核心价值观以及树立正确的世界观、人生观和价值观等优良学风和行为习惯,同时倡导学生从现在做起、从自己做起,身体力行践行社会主义核心价值观。

此外,高校资助育人工作也应该注重理想信念教育,引导学生树立爱国、报效祖国、服务人民、奉献社会的崇高理想,为实现中国梦而奋斗。高校资助育人工作应该高举理想信念旗帜,强化铸魂育人功能,教育学生坚守马克思主义信仰,坚定社会主义和共产主义信念,充分挖掘理想信念教育的育人价值,深入推进铸魂育人工程的实施方案。

第三节 拓展精准资助帮扶渠道

一、发展资助型社团[①]

资助型社团是以经济援助为主要纽带和群体特征，旨在促进自我教育、自我管理、自我服务和自我发展的校园非正式组织。尽管资助对象的多样化导致资助型社团呈现出多类、多层、多元的发展形态，但仍以家庭经济困难学生为主要资助对象。这些学生往往具备自尊自强、自立自信、诚实朴素、刻苦勤奋等优秀品质，但由于长期处于低水平的生活和教育环境中，可能存在性格内向、心理自卑、敏感冲动等倾向。丰富多彩的社团实践为他们提供了一个自由成长和发展的平台，有助于他们融入集体生活、培养阳光心态、展现个性活力、提升自我认知和自我认同。

为了充分发挥资助型社团的育人作用，必须尊重资助对象的主体地位，积极响应社团发展需求，不断改善社团环境，打造特色活动，塑造独特的社团文化。只有这样，才能明确资助型社团的建设路径，充分发挥其促进资助对象健康发展的作用。

（一）培植人本化社团理念

习近平总书记强调，思想政治工作本质上是关于人的工作，必须以学生为中心、关心学生、为学生提供服务。资助型社团的核心理念也是以学生为中心、以学生发展为基础，这既是社团的立足点，也是最终目标。资助型社团主要面向家庭经济困难的学生，这些学生长期处于经济贫困和心理压力之下，他们内心承受了无形的伤害。由于经济条件的限制，他们大多没有接受过专门的兴趣培养和专业训练，没有技能和特长，既缺乏展示能力，也缺乏自信，在集体生活中容易被忽视。

[①] 胡元林.高校资助型社团建设的现实考量与路径探索[J].当代青年研究,2019(2):116-122.

培养以人为本的社团理念,就是以资助型社团和资助对象的实际发展为基础,紧跟时代要求,以全面发展为目标,以创新发展为动力,将资助对象的成才作为社团发展的起点和落脚点。鼓励依照意愿组建小而精的社团,根据资助项目的不同推动项目化的资助型社团发展,避免规模庞大、内容杂乱。只有这样,才能将资助社团打造成资助对象心灵寄托的归宿、锻炼成长的场所、发展能力的高地,并通过社团为他们创造交流机会、提供锻炼机会和创造发展机遇,增强他们的综合素质。

(二)营造向上型社团环境

群体对成员的影响可以分为表层与深层、显性与隐性。环境育人是一种潜移默化、融入浸润式教育,对人的影响较为隐蔽、深入,教育效果也较为显著。在大学生阶段,他们正处于人格塑造、心理成熟、社会适应、思想转换和行为规范的关键期,不同的育人环境、路径、机制和方式将塑造出不同类型和特质的人才。营造积极向上的社团环境,有利于促进贫困学生的自我发展,让他们更好地融入集体。

首先,要培养具有自信乐观精神的社团干部。社团的精神状态与社团干部的精神气质密切相关,社团的建设成效与社团干部的作为紧密相连。社团干部的组织力、领导力和执行力都会影响着社团的发展。要培养社团干部具备乐观的精神品质,以形成良好的社团氛围。

其次,要提升社团成员的自信水平。通过社团实践、竞赛活动等方式,促进社团成员在团队中扩大人际交往、表达个人见解、展示个人才能,从而增强自信心。

最后,要选树和宣传自强典型。榜样具有强大的影响力,应坚持多元、开放的原则,选树各方面的榜样,既可以在社团内部寻找,也可以在本专业、学校乃至更广范围宣传有利于资助育人发展的榜样。在选树榜样时,要特别注意其真实性、可信性和可学性,避免夸大其人,以免产生负面效应。同时,要充分利用各种校园媒体广泛宣传,将榜样的力量转化为资助对象的目标追求和前进动力。

(三)培育社团文化

社团文化是指在社团长期实践中形成并得到社团成员广泛认同的一系列观念、价值观和行为方式。它包括社团与校园文化的互动与交流,是一个开放、多元的系统。校园文化是社团文化建设的重要支撑力量,也是社团文化发展的营养土壤。理解校园文化和资助文化的内涵,有助于准确把握资助型社团的文化价值,进而提升社团的文化内涵和实现育人目标。

首先,资助型社团应培养良好的形象文化。通过社团徽标、刊物、仪式和活动等外部表达形式,塑造资助型社团独特的自助助人形象文化。

其次,构建健全的制度文化。建立规范的制度体系,确保社团有序运作和发展,打造资助型社团开放、公正、民主、法治的制度文化。

最后,塑造积极向上的精神文化。精神是社团的核心价值,资助型社团应与大学精神相契合,与资助型社团的主题相一致。注重物质资助与精神资助相结合,将志愿服务与专业实践相结合,培养成员个人能力与社会责任相结合的精神文化。

通过以上方式,资助型社团可以发展出具有独特文化内涵的社团形象,建立健全的制度体系,以及培养积极向上的精神价值观,进而实现社团的育人使命。

(四) 打造品牌化社团活动

资助型社团的品牌战略是根据自身特色和优势,打造具有影响力的品牌形象,使社团活动成为符合实际需求、适应发展趋势、契合时代精神的精品项目,可以通过以下两个方面来实施社团活动的品牌化。

首先,注重整体设计。按照"人无我有,人有我精"的原则,组织社团实践活动,统筹规划不同阶段的活动,精心策划每个具体项目。既要根据学校规定的动作进行创新,也要开展独特的自选动作,紧密追随时代潮流,突显社团的主题特色,塑造社团的品牌形象。

其次,积极获取外部支持和资源。资助型社团的成员来自不同身份背景,拥有各种兴趣爱好和追求。相较于普通社团,资助型社团在提炼主题、凝练特色和打造品牌方面具有更大的挑战性。因此,资助型社团需要抓住社会关注焦点,把握特色关键点,积极寻求各类支持,充分利用各种资源来建立品牌;可以着重在诚信、励志、志愿服务和创新创业等方面进行探索,通过独特的特色吸引支持,逐步树立品牌形象,实现长期健康发展。

(五) 开展有效的社团指导

资助型社团的发展形态多样,面临的困难也不尽相同。为了提升资助型社团的建设效果，可以采取分类指导的方式。首先，加大分类指导力度。这包括增强指导教师队伍的建设力度，将专业学习、能力发展和生命成长等方面充分融合起来，制定相关的管理制度和激励措施，以实现社团的稳定性、专业化和长效性。同时，要加强指导与督查工作，建立相应机制，不断优化资助型社团的实践方向和育人目标。

其次，优化分类指导方式。对资助型社团进行分类指导时，重点是准确把握其与常规社团的区别，突出资助对象的根本利益和目标导向。通过深入调研了解资助对象的成长期待和现实需求，优化社团活动的主题设定、内容安排、活动设计与指导，确保社团活动取得良好效果。具体而言，可以根据资助对象的发展实际进一步细分为专业学习类、素质提升类、心理培养类、励志修身类、感恩回馈类等不同类型；也可以根据思想教育的内容划分为主题宣讲类、感恩教育类、文化普及类、成长规划类等不同类别；还可以根据实践指向划分为素质拓展类、社会实践类、志愿服务类等不同类别。

通过分类指导，可以更有针对性地对资助型社团进行指导，推动其发展，提高建设效果。同时，这也有助于资助型社团更好地满足资助对象的需求，促进他们全面成长。

(六) 挖掘综合性社团动力

教育的生命力在于教育对象的主动参与和积极实践。资助型社团的生命力也在于资助对象的积极参与和需求响应，具体可以通过以下方式来增强资助型社团的生命力。

推行愿景管理：通过先进榜样和励志典型的影响，引导资助对象激发内在意愿，确立发展目标，凝聚共同愿景，推动社团创新发展。

发掘自身优势：引导资助对象认清自身不足，发挥自身优势，将制约劣势转化为发展优势，通过教育宣传和评先评优等手段激发发展动力，树立自信心。

强化契约管理：将学生资助视为一种契约行为，引导资助对象将契约条件转化为自主发展的要求和动力，落实契约管理，确保资助目标的实现。

健全激励机制：建立合理的激励机制，通过物质和荣誉奖励，激发社团集体、个人和活动的积极性、主动性和创造性，形成发展自觉。

通过上述措施，可以激发资助对象的积极性和主动性，提高社团的生命力,促进资助型社团的创新和发展。

二、打造资助教育活动品牌

品牌的概念来自市场营销学,是商品流通企业的产品质量、实力和市场占有率的综合反映,还是市场中企业与消费者之间的关系性契约。将品牌的概念引入大学生资助教育活动是为了更好地增强资助的思想政治教育功能:一是能够提高大学生资助教育活动的社会主义价值观教育成效;二是能够整合大学生资助教育活动具备的优势资源;三是能够突破大学生资助教育活动的难点。

第一,品牌的决策与模式。品牌的决策要建立在对大学生需求的调研基础之上,将大学生喜闻乐见、耳熟能详的活动载体作为品牌的设立基础,在大学生中形成一定的影响力,具有较强的代表性。比如,中南财经政法大学尼加提·雪莲花志愿队。尼加提老师是中南财经政法大学的博士毕业生,作为新中国成立以来第一个少数民族博士生到甘肃酒泉做了一年的志愿者,回到学校以后在学校的帮助下组建了志愿队,并以他的名字和具有民族情感的特定花卉命名,很具有代表性和特色。目前该志愿队覆盖了中南财经政法大学的全体少数民族同学,开展了"雪莲花资助育苗计划"等多个项目的大学生资助活动,成为全国志愿者的优秀品牌代表。

第二,品牌的设立与管理。一个品牌必须拥有它赖以生存和发展的条件,组织机构的设立、资金的投入、队伍的组建是三大核心保证。设立品牌须明确组织机构、常规经费的保障、较为固定的组织者。

第三,品牌的战略与远景规划。品牌的战略规划尤为重要,它是让品牌生存并发挥影响的重要支撑。作为大学生资助教育活动的品牌,一定要有远景规划,这是吸引家庭经济困难大学生自愿参与进来的保障,也是实现大学生资助教育活动的生命力所在。

第四,品牌的宣传与社会效应。一是确定宣传方向。大学生资助教育活动是一个逐步孕育、推广的过程。二是主要通过各级资助管理部门的资助大学生网站、高校资助工作信息简报、社会公益广告、专题片等宣传渠道进行宣传。各级资助管理部门可从四个方面深入开展工作。

首先,通过电视、广播、报刊、网络、宣传栏、展板、横幅等载体,以刊播公益广告、标语、专访、新闻发布会、咨询会等形式全面宣传家庭经济困难大学生资助政策以及实施举措,确保宣传工作取得实效。其次,组织宣讲团深入基层一线,尤其农、牧区家庭经济困难大学生家庭集聚的边远地区,进行资助政策宣讲和指导。再次,利用"新生报道须知",发放资助政策指导手册,鼓励学生自强不息发奋成才,报效国家。最后,将品牌建设的成果以纪录片的形式进行广泛宣传。比如北京大学学生资助中心于2016年6月推出"公益情怀,国际视野"成才支持方案,同期举行了第十届"公益之星"表彰仪式。北京大学学生资助中心分别与国际公益组织代表青年成就(中国)、中国扶贫基金会、福建省和河南省学生资助管理中心签署"公益情怀,国际视野"成才支持方案。该方案有利于联动北京大学、地方学生资助管理中心和国际公益组织三方资源,共同为家庭经济困难学生提供公益创新、国际视野拓展等方面的成才支持,解决学生在公益领域资源短缺、规模不足的困难,并带领他们到境外开展公益服务,与国际接轨,扩展国际视野。通过"公益之星"的品牌创建,不仅铺设了自己的成才道路,并且带动了身边的家庭经济困难大学生参与公益,形成了良好的社会氛围。值得一提的是,他们为贯彻落实中央"两学一做"学习教育政策,深入基层、深入群众,更好地做好学生资助工作,同时为中国高等教育学生精准资助课题获取第一手材料,在学校领导大力支持和校内单位积极配合下,利用每一个节假日开展公益活动,甚至到边远的山区,树立了现代青年大学生良好的社会声誉和形象。而且在"公益情怀,国际视野"成才支持方案的帮助下,学生服务总队将继续立足校园、服务社会、走向国际,在公益服务中回报社会、塑造精彩人生。

综上所述,大学生资助教育活动的品牌创建,是大学生思想政治教育的创新,在实践中得到检验和发展,并把大学生资助的思想政治教育功能推向巅峰。通过大学生资助教育活动的品牌建设可以有效地宣传家庭经济困难大学生资助活动信息,建立高校学生资助的识别形象,树立和谐的社会形象,提升家庭经济困难大学生的美誉度和自信力,催化朋辈教育效果,促进资助的思想政治教育功能的发挥。

第四节　强化精准资助主题教育[①]

一、突出人文素养教育，提高学生综合素质

人文素养是指个体对哲学、政治、经济、历史、艺术等人文科学的认知水平以及内化于自己的品格修养。在培养人文素养的过程中，学校教育扮演着重要角色。大学时期是青年向成年过渡的关键时期，也是培养人文素养最好的时期，对学生未来的就业和工作产生深远影响。然而，目前一些经济困难的大学生由于成长环境的限制，人文素养相对较低，尤其在政治历史、艺术等方面的知识储备不足。很多困难学生希望通过学习音乐、美术等知识来提升自身审美情趣。因此，高校应该在资助育人过程中重点关注人文素养的培养，努力提升学生的人文素养水平。

在评定奖助学金时，可以考虑将申请学生的人文素养作为一个评估指标。一方面，需要协调相关部门开设专门的人文素养课程，鼓励学生积极选择并学习这些课程；另一方面，可以定期举办人文讲座、人文沙龙，组织人文知识竞赛，鼓励受助学生积极参与活动，以培养他们的思维能力、交际能力和适应能力。同时，可以协调人文学科教师在网上开展人文教育论坛，为师生们提供学习和讨论的平台。

此外，学校应该鼓励受助学生积极参加学校的才艺表演、联欢会、运动会等大型活动，为他们提供展示自己才能的舞台。比如，北京化工大学就通过"春雨计划"能力提升培训项目，由经验丰富的教师开设形式多样、内容丰富的培训课程，为学生提供了互动学习的平台，以培养他们的综合素质。

通过以上措施，高校可以有针对性地提升学生的人文素养水平，促进他

[①] 谭亚男.高校资助育人精准化研究[D].桂林：广西师范学院，2017.

们全面成长和发展。

二、推进就业指导教育,培养自我发展能力

首先,就业指导教育需要与国家发展需求密切结合。随着社会的进步,越来越多的工作岗位被自动化替代,而新冠疫情也导致许多行业陷入低迷。这使得目前高校毕业生的就业形势更为严峻,每年都有数百万的学生需要解决就业问题。然而,就业岗位有限,并且很多学生不愿意到基层单位工作,或者只局限于与自己专业相关的岗位。

为了应对这一挑战,可以采取以下措施:加强职业生涯规划教育,帮助学生了解自己,明确个人的发展目标,并为之奋斗;通过多种宣传教育手段,鼓励大学生到基层就业,将个人的成长与社会服务相结合;鼓励学生将所学知识与地方发展需求相结合,发挥自己的能力和特长,在工作中为地方发展做出贡献;对于有创业意愿的学生,应提供政策支持和导师指导等多方面的帮助,以帮助他们实现创业梦想。

其次,探索个性化的就业指导服务模式。个性化指导意味着在指导过程中,根据学生的具体情况和需求进行定制化的引导和帮助。高校的综合教育目标是帮助学生全面成长,特别是帮助处于弱势群体的学生获得就业所需的技能,实现长期发展。因此,高校的就业指导需要加强学生的课程学习、职业规划和就业信息服务,为他们顺利就业提供支持。具体而言,可以采取以下措施:第一,高校应该跟踪毕业生的就业情况,准确把握人才市场的需求,以本校的师资力量和社会需求为导向来优化专业设置。这意味着要加强理论课程的教学,同时也要强化实践技能的培训,为学生未来的求职就业打下坚实的基础。第二,要针对性地开展学生的职业规划教育。很多学生对未来工作有一些设想,但由于对自己的认知和社会就业形势的了解不足,他们可能会感到迷茫。学校可以通过开设就业指导课程、举办讲座等形式,帮助学生认清自我,并了解社会的实际情况,以树立正确的就业观念。此外,在学校的日常实践活动中,要突出就业教育的内容。例如,定期举办职业规划大赛,鼓励学生积极参与,提供专项指导,帮助他们制作简历、掌握面试技巧以及了解工作注意事项等。同时,要注意学生的个人特点,进行一

对一的精准指导,为他们量身定制专业的就业指导教育方案。

三、优化社区服务育人模式,锻炼学生社会实践能力

在精准扶贫的背景下,需要优化实践模式,实现精准育人。为了将自立自强的精神内化于心外化于行,要将说教式教育转变为参与式教育,并让学生参与到资助育人的实践过程中。通过协同社区,探索育人和服务的新模式,实现从"他助"向"自助"和"助人"的不断发展。

社区是指聚集一定数量的人口、活动区域和机构组织,是宏观社会的重要组成部分。大学生服务社区活动早在 2004 年就已经开始,至今发展成为大学生思想政治教育的主要社会活动模式。高校资助育人工作可以此为抓手,协同社区探索育人和服务的新模式,实现服务社区作为受助学生走向社会的入口。

具体而言,可以从以下几个方面入手:首先,帮助居委会处理日常事务,调节居民纠纷,化解不安定因素,从而锻炼受助学生的沟通协调能力;其次,做好政策法制宣传,向社区居民讲解国家政策方针,宣传法律知识、环保常识、医疗知识等,既能锻炼学生的组织能力和口头表达能力,又能促进社区文明建设。此外,选拔有文艺特长的学生为社区居民表演节目,举办社区篮球赛、广场舞比赛、读书分享会等,丰富社区居民的文化生活。通过开展社区服务活动关爱弱势群体,既可以让受助学生感受到自我存在的价值,又能近距离地体验生活和了解社会,从而促进自身综合能力的发展。

四、探索农村服务育人模式,强化学生的奉献意识

农村作为我国社会生活的基础单位,高校资助育人应当充分把握这一重要阵地,探索深入农村服务基层的实践育人模式。受助学生中有许多来自农村,他们对农村及其发展有着深刻的理解和情感认同,可以成为开展服务农村活动的积极力量,既能提高实践能力,又可检验理论知识。高校要充分发挥资源优势,确定科学的困难学生服务农村活动方案,并建立校地合作的长期机制。同时,构建"校一院一生"三级实践育人模式,以驻村

结对帮扶为主要形式,通过"同吃同住"的亲身体验,开展援助农户学习体育项目、参加文化活动、进行网络技术培训等服务,提升农村居民的文化素质和技能水平,同时引导高校学生同农村留守儿童建立一对一帮扶机制,促进教育公平。学生在实践中不断总结经验,撰写实践报告,加强师生之间的交流和合作,提高其综合素质和认知水平。学生参与到农村服务活动中,不仅可以为精准扶贫工作做出积极贡献,更能够潜移默化地接受思想政治教育,增强感恩意识和奉献精神,进一步巩固和发展中国特色社会主义理念。

主要参考文献

一、专著

[1] 习近平.摆脱贫困[M].福州:福建人民出版社,2016.

[2] 杨东平.中国教育公平的理想与现实[M].北京:北京大学出版社,2006.

[3] 马克思.资本论:第1卷[M].北京:人民出版社,1995.

[4] 罗尔斯.正义论[M].何怀宏,等译.北京:中国社会科学出版社,1988.

[5] 张民选.理想与抉择:大学生资助政策的国际比较[M].北京:人民教育出版社,1997.

[6] D. B. 约翰斯通.高等教育的成本分担:英国、联邦德国、法国和美国的学生财政资助[M].北京:商务印书馆,1990.

[7] Penelope Peterson,Eva Baker,Barry McGaw.国际教育学百科全书:第3卷[M].3版.上海:上海外语出版社,2014.

二、期刊论文

[1] 史凌芳."扶困·励志·强能"三位一体高校学生资助工作模式的思考[J].学校党建与思想教育,2014(4):29-31.

[2] 刘卫锋.从"资助助人"向"资助育人"转变[J].中国高等教育,2016(8):42-44.

[3] 钱春霞.高校资助育人有效性的心理学思考[J].教育评论,2016(7):31-34.

[4] 马从兵.从工具理性与价值理性的统合谈高校资助育人的实效性[J].高等农业教育,2014(12):44-47.

[5] 杨红波.我国高校家庭经济困难学生资助的有效性探讨[J].思想教育研究,2014(7):70-73.

[6] 高玉玲.论高校贫困生资助原则的耦合[J].高教探索,2007(3):124-126.

[7] 姜沛民.育人为本 需求导向 提升高校学生资助工作实效[J].中国高等教育,2016(9):14-17.

[8] 吴连臣,田春艳,张力.高校资助育人体系的实践与探索:以大连海洋大学为例[J].学校党建与思想教育,2014(4):27-28.

[9] 姚臻.大学生资助工作视域下育人体系构建探析[J].黑龙江高教研究,2014(2):106-108.

[10] 王涛.资助中坚持育人 育人中创新资助:陕西师范大学资助育人工作的实践与思考[J].思想教育研究,2011(12):42-45.

[11] 徐惠忠,程显毅.高校学生资助提升育人绩效的理论依据和实践[J].中国成人教育,2015(1):54-57.

[12] 贾明超,范正祥,陆斌."育人为本"资助理念视角下的高校资助工作探析[J].中国地质大学学报(社会科学版),2013(1):70-72.

[13] 陈秉公.学生资助:大学生思想政治教育的重要途径:评赵贵臣的《中国大学生资助体系德育功能研究》[J].思想教育研究,2016(6):124-126.

[14] 赵贵臣,刘和忠.在大学生资助服务指导中提高思想政治教育有效性的思考[J].思想理论政治教育导刊,2012(3):91-94.

[15] 马晓燕.理解高校资助育人科学内涵的三个维度[J].思想政治教育研究,2020(3):152-155.

[16] 王娜.实现高校精准资助面临的问题及其解决路径[J].思想理论教育,2018(7):102-105.

[17] 高翠萍.基于共享理念的高校精准资助体系国际比较及借鉴[J].赤峰学院学报(汉文哲学社会科学版),2021(2):54-56.

[18] 赵立卫.美国大学生资助的"资助包"制度[J].比较教育研究,2005(2):55-56.

[19] 徐国兴.日本义务后教育阶段学生资助制度研究[J].教育与经济,2010(2):69-72.

[20] 衣萌,王腾飞,牟晖,等.发达国家研究生收费制度与资助体系比较研究[J].学位与研究生教育,2014(5):62-66.

[21] 葛盈辉,朱之平.澳大利亚大学生资助政策及其变革[J].比较教育研究,2006(6):45-49.

[22] 李发昇,聂建勇,陈如欢,等.国内外高等教育资助制度比较研究[J].教育财会研究,2011(6):30-41.

[23] 邝洪波,高国伟.新时代高校资助育人精准化工作探究[J].学校党建与思想教育,2021(2):66-67.

[24] 邢中先,张平.新中国成立70年来的高校资助育人:历史演进与现实启

示[J]. 广西社会科学,2019(10):177-182.

[25] 胡彩林. 基于大数据背景的安徽省高校智慧资助项目建设研究:以合肥学院为例[J]. 科教文汇,2020(8):5-8.

[26] 丁远,杨雪琴,吕承文. 大学生资助信息隐私保护:基于失真模型的研究[J]. 黑龙江高教研究,2020(1):65-70.

[27] 庞丽. 高校资助中知情权与隐私权的冲突及调适[J]. 中国成人教育,2014(21):90-92.

[28] 唐业喜,杨蔓红,马艳. 基于CIPP模型的高校资助育人成效评价体系研究[J]. 教育财会研究,2020(3):71-75.

[29] 胡元林. 高校资助型社团建设的现实考量与路径探索[J]. 当代青年研究,2019(2):116-122.

[30] 侯莲梅,米华全. 利用大数据推进高校精准资助工作创新[J]. 思想理论教育,2017(8):107-111.

[31] 赵贵臣,肖晗. 诚信教育融入高校资助育人体系的路径[J]. 思想教育研究,2021(1):155-159.

[32] 徐薇. 高校教育资助的国际经验及启示:对英美日3国的比较分析[J]. 科教导刊,2018(17):13-14.

[33] 赵柳."精准扶贫"思想对高校资助育人工作的启示[J]. 西部素质教育,2020(4):179-180.

[34] 王萍萍. 大数据背景下高校家庭经济困难生精准资助路径研究[J]. 产业创新研究,2019(12):193-195.

[35] 舒强. 高校困难生"精准资助"实现路径研究[J]. 教育教学论坛,2020(7):333-334.

三、学位论文

[1] 谢泳雯. 中英高等教育学生资助政策比较研究[D]. 桂林:广西师范大学,2019.

[2] 刘丹. 高校资助育人研究[D]. 昆明:昆明理工大学,2020.

[3] 纪维维. 教育公平视域下高校资助育人研究[D]. 无锡:江南大学,2018.

[4] 谭亚男. 高校资助育人精准化研究[D]. 桂林:广西师范学院,2017.

[5] 曹璇. 我国高等院校本科阶段贫困学生资助模式研究[D]. 合肥:中国科

学技术大学,2018.

[6] 焦莹莹.高校大学生资助育人工作的育人功能研究[D].西安:西安科技大学,2020.

[7] 李成飞.大数据背景下高校贫困生资助工作精准化研究[D].南京:南京邮电大学,2017.

[8] 范晓婷.大学生资助管理评估研究[D].北京:北京科技大学,2016.

[9] 玄凌.黑龙江省农林高校资助育人研究[D].哈尔滨:东北林业大学,2021.